AF390016

DE LA

LOCOMOTION MÉCANIQUE

DANS L'AIR ET DANS L'EAU.

DE LA
LOCOMOTION MÉCANIQUE

DANS L'AIR ET DANS L'EAU

PAR

GUSTAVE LAMBERT

Théorie et pratique.

Mise en équation, et théorie de la locomotion mécanique pour une loi quelconque de résistance. — Formules spéciales pour une surface mouvante quelconque. — Théorie complète de l'hélice linéaire orthogonale. — Examen du paraboloïde hyperbolique, du plan, du cône hélicoïdal linéaire, et autres surfaces. — Des forces motrices et de leur utilisation. — Essais à tenter pour la marine. — Essais à tenter pour la locomotion aérienne. — Conclusions et proposition pratique.

PARIS

DÉPOSITAIRE, ARTHUS BERTRAND, ÉDITEUR
21, RUE HAUTEFEUILLE, 21

1864

DE LA

LOCOMOTION MÉCANIQUE

DANS L'AIR ET DANS L'EAU.

§ I. — Sur la locomotion mécanique.

Le ballon dans l'air, le poisson dans l'eau, sont des corps qui déplacent un volume de fluide dont le poids est égal à leur propre poids. Les organes de locomotion qui peuvent permettre à ces corps de se transporter dans l'intérieur de leur milieu fluide sont des organes entièrement plongés. Le navire, dans l'eau, déplace aussi un volume d'eau d'un poids égal à son propre poids; le navire étant situé à la limite de séparation entre l'air et l'eau, ou étant mi-plongé, peut avoir des organes spéciaux de locomotion dont l'efficacité de jeu provient de la grande différence entre la densité de l'air et la densité de l'eau; il peut aussi avoir des organes de locomotion entièrement plongés, et, dans ce dernier cas, il y a identité entre le ballon et le navire, sauf la différence des densités entre l'air et l'eau.

L'oiseau, dans l'air, déplace un volume de fluide dont le poids est très inférieur à son propre poids; l'oiseau pèse 6 à 700 fois plus que le volume d'air qu'il déplace; l'appareil mécanique de l'oiseau n'est donc pas seulement un appareil de locomotion, mais encore un appareil de sustension; dès que le mécanisme se dérange ou se brise, l'oiseau tombe lourdement à terre.

La nature ne présente pas au sein de l'eau des mécanismes de sustension; les corps organisés qui se meuvent dans l'eau n'ont besoin que d'un appareil de locomotion. De même, la nature ne présente pas dans le sein de l'air des êtres organisés à la manière du poisson, et tous les êtres qui se meuvent dans l'air ont besoin d'un appareil de sustension. L'homme peut s'efforcer d'imiter ou de copier les milliers de mécanismes différents que présente le spectacle des êtres aériens; ces êtres ont, en général, un poids fort petit et des dimensions fort restreintes. Le *condor* et l'*albatros*, les plus grands oiseaux volants connus, ont un appareil mécanique de 3 ou 4 mètres d'envergure au plus. En construisant, en dehors de tout calcul, une double échelle contenant le poids des oiseaux naturels en regard de l'envergure correspondante, on est conduit à fixer à plus de 20 mètres l'envergure qui serait nécessaire au vol d'une autruche de taille moyenne. Or, la résistance des tendons, des muscles, des cartilages, des apophyses osseuses, qui doivent lier les pièces du mécanisme nécessaire au vol, ne saurait suffire à lutter contre le *moment de rupture* qui correspond au poids à soulever; de plus, la puissance musculaire qui doit correspondre à l'effort nécessaire au vol dépasse peut-être la puissance musculaire que peut développer la vie organique. Le *moment de rupture*, ou produit d'un *poids* par un *bras* de *levier*, combiné avec la résistance des tissus organiques non moins qu'avec la force motrice développée par la vie, donne donc la limite du poids des grands oiseaux naturels.

Pour fabriquer des oiseaux artificiels ou mécaniques, l'homme peut utiliser des matériaux autrement résistants que les tissus organiques, et des forces motrices autrement intenses que les forces dues aux contractions musculaires; mais ces forces motrices exigent elles-mêmes des matériaux d'un certain poids, et il s'agit de savoir si la puissance mécanique développée au sein de l'air par une force motrice peut équilibrer le poids propre de l'appareil moteur. Avant de tenter des expériences positives, avant de s'exposer à des déceptions cruelles et à d'inutiles dangers, il faut pouvoir répondre aux questions suivantes :

1° — Quelles sont les *forces de réaction* développées dans les fluides par le mouvement d'un mécanisme ?

2° — Quels sont les *moments de rupture* qui correspondent aux forces développées ?

3° — Quelles sont les ressources de l'homme en fait de matériaux résistants et légers ?

4° — Quelles sont les forces motrices développant une grande puissance sous un petit poids ?

Les forces de réaction produites par un fluide contre une surface en mouvement dépendent du quarré de la vitesse de la surface mouvante. Comme il est difficile de produire de grandes vitesses rectilignes, on utilise des vitesses de rotation; l'appareil mécanique locomoteur produit une translation dans le sens même de l'axe tournant si cet appareil est entièrement plongé; le cas du navire maritime est alors identique au cas du navire aérien, sauf une substitution de coefficient.

Au point de vue de la locomotion maritime, il n'existe pas encore de théorie exacte pour interpréter le phénomène; on en est réduit à un empirisme habilement dirigé d'ailleurs.

Au point de vue de la locomotion aérienne, il n'existe ni théorie ni pratique; le problème est-il susceptible d'une solution? c'est à dire les données numériques de la question conduisent-elles à une impossibilité materielle? Le côté scientifique de cette question me préoccupait depuis longtemps sous son double aspect maritime et aérien, aspects qu'il est impossible de désunir dans des recherches mathématiques. En 1857, j'avais composé un Mémoire fort étendu sur toutes les faces du sujet; je remettais sa publication de jour en jour, lorsque le bruit qui s'est fait à propos de la navigation aérienne, grâce à d'heureuses et actives réclames, m'a déterminé à publier cet extrait de mes recherches, extrait réduit au strict nécessaire. Cela, d'ailleurs, m'attirait comme un délassement et une récréation relativement à des travaux d'un tout autre ordre.

Je ne m'occuperai, dans ce premier Mémoire, que des appareils mécaniques entièrement plongés.

Je présente une théorie exacte qui rend compte de toutes les particularités du phénomène naval. Cette théorie répond en même temps aux questions qui peuvent être posées sur l'avenir de la locomotion aérienne ; je puis dire immédiatement que le calcul répond *aujourd'hui* par une négation à la possibilité d'élever dans les airs de *grands poids* au moyen *d'appareils de rotation,* c'est à dire qu'il n'existe pas actuellement de machine capable d'enlever son propre poids, à moins de se borner à des jouets formés par des ressorts d'horlogerie. A cet égard, on peut tout espérer de l'avenir, puisque nos machines actuelles datent en quelque sorte d'hier ; il n'y a pas cinquante ans que la propulsion mécanique est réalisée dans l'eau ; il n'y a pas vingt ans qu'elle est réalisée avec des appareils entièrement plongés ; il a fallu deux mille ans pour arriver du principe d'Archimède à l'application informe de Montgolfier. Au début de mes recherches, j'étais convaincu que le ballon ne pouvait pas s'utiliser, et qu'il y avait tout lieu d'espérer dans la sustension mécanique, ou vol artificiel. Pour le présent, c'est l'inverse qui est vrai ; les chiffres seront là. Je dois dire qu'en pareille matière il ne s'agit pas de jeter au vent des fleurs de rhétorique, et de séduire par de brillants mirages. Si l'on veut me pardonner l'expression, il faut produire des fleurs algébriques et numériques, fleurs peu goûtées du public. Les questions à traiter ne sont pas, d'ailleurs, d'un ordre très élevé, et elles sont plutôt du ressort d'un point de mécanique industrielle que d'un ressort véritablement scientifique.

§ II. — Indications préliminaires.

Si l'on trace une ligne droite sur une feuille de papier, et qu'on enroule la feuille sur un cylindre, la ligne droite devient une courbe à double courbure que l'on appelle *hélice.* En appuyant sur cette *hélice* une ligne droite constamment perpendiculaire à l'axe du cylindre et passant par cet axe, on engendre une surface *hélicoïdale,* que l'on appelle *hélice* en abrégé. On devra constamment discerner dans le discours si l'on parle de la *surface* ou de la *ligne.* Le diamètre du cylindre qui limite la surface engendrée s'appelle *diamètre* de l'hélice ; la longueur d'une arête cylindrique comprise entre deux *spires,* ou deux traits consécutifs de la *ligne hélice,* s'appelle *pas.* La *vis* est une hélice, et c'est elle qui a servi d'image pour caractériser l'effet d'une *hélice* ou fragment d'hélice en mouvement. Cette image est vicieuse ; l'idée *statique* de *vis* doit être rejetée comme n'affectant pas le caractère *dynamique* nécessaire au sujet ; nous verrons également qu'il convient de rejeter d'autres expressions qui proviennent de la même image, telles que *recul.*

Lorsqu'une surface de ce genre tourne autour de l'axe du cylindre pris comme axe de rotation, en faisant corps avec lui, la pression du fluide contre la surface mouvante se décompose en deux effets : l'un est opposé à la rotation, l'autre exerce un effort de locomotion dans le sens de l'arbre; ce dernier effet s'utilise pour la propulsion.

On peut tracer sur le cylindre une ligne courbe quelconque servant de *directrice* à la génération de la surface hélicoïdale; on peut aussi remplacer la génératrice rectiligne par une ligne quelconque s'appuyant à la fois sur la directrice et sur l'axe du cylindre ; cela revient à considérer une *aile motrice* formée par un fragment de *surface quelconque* reliée à l'arbre d'une manière inflexible; il n'y a plus alors de *pas* dans le sens ancien du mot, ou bien chaque partie *différentielle* de l'aile motrice a un *pas élémentaire* qui serait le *pas* de l'hélice tangente à cet *élément différentiel*. Pas plus dans le cas général que dans le cas spécial je ne me servirai du *pas* pour les calculs; il est préférable d'employer une autre *constante* pour caractériser l'*aile motrice.* Les équations générales du mouvement pour une *surface quelconque* permettent d'appliquer le *calcul des variations* pour déterminer les formes de surface les plus avantageuses.

Les *diamètres* de l'aile motrice sont limités dans la marine par la disposition même des appareils de locomotion, forcément plus petits que la moitié moins un mètre du tirant d'eau. Pour le cas de l'air, ces diamètres ne seraient limités que par la considération des *moments de rupture* correspondants aux forces développées. Cette condition restrictive pourrait aussi se produire pour le cas de l'eau, et c'est elle qui, du moins, impose au constructeur un poids et une force considérable pour les pièces métalliques qui forment l'aile motrice ; c'est ainsi que l'hélice de la *Grande-Bretagne* pèse 22 tonneaux. Ces *moments de rupture* n'ont jamais été envisagés, que je sache; c'est au juger, par une estimation empirique, que l'on apprécie la force de résistance nécessaire à la surface mouvante.

On verra que les travaux mécaniques, produits par la réaction du fluide, dépendent en réalité de la cinquième puissance des diamètres; cette loi importante et entièrement inédite, montre quel intérêt s'attache à l'agrandissement de cette variable, et combien peu cela correspond à l'idée *statique* de *vis*. La vitesse compatible avec l'appareil croît proportionnellement au diamètre.....

Dans le cas maritime, on construit le modèle en bois d'une aile de la variété d'hélice que l'on veut obtenir, et cela permet de faire le moule qui doit servir à couler la pièce métallique ; le calcul du *moment de rupture* servira à savoir si l'on peut diminuer sans inconvénient le poids des pièces actuellement employées ; je proposerai un mode de construction nouveau. Je ne crois pas que dans la marine on distingue la forme des hélices suivant leur destination ; on confond les hélices de *vitesse* avec les hélices de *remorque,* et l'on juge même de la supériorité d'une hélice de vitesse par sa puissance de traction sur point fixe ; si l'on appelle *n* la vitesse de translation de l'arbre dans le sens de sa longueur, nous verrons qu'il faut distinguer trois cas :

1° — $n = 0$. — Cas de traction sur point fixe ; ce cas serait inutile à considérer si l'on n'en concluait pas la bonté d'un appareil moteur, ce qui est incorrect comme on le verra. On a fait en Angleterre une expérience célèbre: on a construit deux *coques identiques;* on y a placé deux machines identiques; on a armé l'un des navires d'un appareil en *hélice,* et l'autre de *roues à aubes;* on a amarré les navires à contre-bord pour savoir lequel des deux entraînait l'autre, et pour apprécier ainsi la supériorité relative d'un mode de locomotion sur l'autre. L'expérience est vicieuse, ou du moins n'est pas simple à interpréter; l'hélice qui eût été la plus avantageuse pour lutter contre le navire à roues, n'est pas celle qui devait procurer la meilleure marche à son navire isolé.

2° — *n* petit. — C'est le cas des remorques. Pour profiter le plus possible de la puissance de la machine, il faudrait un appareil à hélice différent quand on remorque un autre navire que quand on marche seul.

3° — *n* grand. — C'est le *desideratum* à atteindre; il faut choisir la forme qui permette d'obtenir la plus grande vitesse compatible avec le navire et avec la machine; sous ce rapport, je crois que l'on peut améliorer grandement les sillages actuels; mais je ne dissimule pas que les dispositions nécessaires à l'obtention de grandes vitesses, 20 ou 25 nœuds par exemple, se concilieraient difficilement avec les exigences commerciales ou militaires des bâtiments. Les bâtiments dits *de vitesse* devraient avoir une destination et une construction spéciales.

On peut faire les mêmes réflexions pour le cas de l'air. La première hypothèse, $n = o$ acquiert une grande importance pour les hélices à axe vertical qui devraient servir à soutenir un poids en l'air par la pression due à la réaction du fluide contre le mouvement. La légèreté spécifique de l'aile motrice doit être recherchée autant que possible, et le métal ne peut servir que de charpente et d'apophyses osseuses. Je vais indiquer sommairement quel pourrait être le mode de construction d'une hélice aérienne; cela me sera utile pour quelques explications ultérieures.

On sait combien les cannes-roseaux des pêcheurs offrent de résistance; on construira des cannes-roseaux en fer creux d'un diamètre extérieur de $0^m,04$, et de $0^m,001$ d'épaisseur; ces tubes pèsent $0^k,95$ au mètre courant. Sur une tige creuse servant d'axe de rotation, on disposera deux tourteaux rayonnés perpendiculaires à l'axe ou *arbre,* à une distance y l'un de l'autre. Sur chaque tourteau, on emmanchera 6 roseaux de fer de 10^m de long par exemple, cela donnera une hélice de 20^m de diamètre; que l'on ne s'étonne pas de ce chiffre; il n'est pas exagéré, et l'appareil que je décris servirait aux expériences préliminaires; si l'on doit faire de la locomotion aérienne pratique, il faudra des diamètres de 30 mètres et plus. On croisera les tourteaux de façon à projeter les rayons de l'un sur le plan de l'autre avec un angle d'écart ω. Le rapport $\dfrac{\omega}{y}$ caractérisera la variété d'hélice linéaire orthogonale, objet de la construction. Des fils de fer de 0,005 de section serviront à *rabanter* les têtes des roseaux de fer pour lutter contre le *moment de rupture* de la rotation et contre la force *centrifuge;* il sera peut-être même utile de disposer une seconde ligne de *rabans* à moitié rayon. Les roseaux de fer de deux tourteaux seront reliés entre eux par des *tirants* et *entretoises* courbés en arcs d'hélice calculés d'après le rapport $\dfrac{\omega}{y}$. On recouvrira les roseaux, tirants et entretoises, d'une étoffe de soie écrue résistante, et l'on obtiendra ainsi une hélice à 6 ailes dont le caractère spécifique sera $\dfrac{\omega}{y}$. En prenant 6 ailes, je choisis un exemple qui permet de ne pas donner une trop grande inclinaison aux *rabans* de tête sur les *tiges-roseaux;* mais ces ailes ne contribuent que d'une manière très indirecte à la marche; nous verrons la loi de leur rôle qui offre quelque analogie avec les pales successives des roues à aubes; suivant la variété d'hélice, il ne sera pas possible d'appliquer un même nombre d'ailes; on verra des variétés pour lesquelles il ne peut exister que deux ailes symétriques et opposées; ces variétés sont précisément celles qui s'utiliseraient pour la suspension aérienne, si l'on peut trouver des machines produisant un grand effort sous un petit poids. Cette esquisse rapide montre qu'une hélice aérienne de 10^m de rayon pèserait environ 150 . kilogrammes; ce serait peut-être le cas d'employer l'*aluminium* pour alléger ce poids. On serait libre de ne pas *armer* les 6 ailes ou de ne pas les recouvrir d'étoffes, en laissant subsister le squelette métallique. Il serait nécessaire d'utiliser d'autres modes de construction pour des hélices de vitesse à 2 ailes de 15 mètres de rayon, hélices dont je parlerai plus loin. Pour fabriquer une variété d'aile motrice dont la surface n'est pas celle d'une hélice linéaire orthogonale, on devra chercher la courbe suivant laquelle un plan de tourteau coupe la surface mouvante, et l'on infléchira le roseau de fer suivant la forme voulue.

Les roseaux de fer creux auront un autre mode d'utilisation. Si l'on peut parvenir à utiliser la vapeur par un mouvement de *turbine*, les tubes de fer serviraient de conduits au flot de la vapeur évacuée. Il est possible que l'on parvienne ainsi à utiliser les mélanges explosifs, tels que la poudre ordinaire, ou fulmi-coton. Ces forces puissantes ne servent actuellement qu'à la destruction; on a essayé vainement, ou peut-être sans assez de persistance, d'en tirer parti pour produire le mouvement alternatif d'un piston; on n'a pas essayé, que je sache, du procédé de *turbine*, et l'expérience doit être tentée.

Dans ce Mémoire, je vais calculer, pour des surfaces motrices d'une forme quelconque, les quantités suivantes :

1° — P — Pression normale sur une surface en mouvement.
2° — P_t — Pression opposée au mouvement de rotation.
3° — P_a — Pression dans le sens de l'arbre ou poussée de translation.
4° — M_t — Moment de rupture dû à l'effort de rotation.
5° — M_2 — Moment de rupture dû à l'effort de translation.
6° — T_t — Travail mécanique exigé par la rotation.
7° — T_2 — Travail mécanique exigé par la translation.

J'établirai les liaisons entre la force motrice, l'appareil moteur, et l'appareil à mouvoir, en concluant la vitesse qui résulte des données, et en montrant l'influence de chacun des termes du problème sur la variation de cette vitesse.

Une théorie qui ne rend pas compte des conditions de la pratique, ne mérite pas le nom de *théorie*. Dans le cas maritime, je crois pouvoir dire que j'explique toutes les particularités du phénomène, et que le contrôle de l'expérience confirmera l'emploi des formules que je propose. Dans le cas de l'air, il me semble essentiel, avant de rien entreprendre, d'instituer sur une grande échelle des expériences précises. Sur cette question importante de la locomotion aérienne, les uns et les autres m'ont paru un peu téméraires, soit dans l'affirmation, soit dans la négation; tout en m'appuyant sur des chiffres, je crois qu'il est nécessaire de mesurer directement et empiriquement les efforts de réaction que peuvent produire dans l'air nos machines actuelles; on saura alors dans quel sens précis il faut diriger les recherches pour réaliser le vol mécanique.

Je dois ajouter, qu'à mes yeux, toutes les matières traitées dans ce Mémoire sont entièrement neuves; je n'ai rien vu ou rien lu qui, de près ou de loin, ressemble à ce que j'ai fait. Ce n'est donc pas une rédaction laborieuse ou une compilation que j'offre aux lecteurs en leur exposant les recherches d'autrui. Il n'existe pas de théorie explicative pour l'hélice maritime; un homme très accrédité, le contre-amiral Paris, parle de l'*action occulte des ailes de l'hélice;* un ingénieur de la marine a imprimé que l'on *ignorait complètement le rôle du diamètre, on savait qu'un grand diamètre était efficace,* mais on ne *savait pas quelle était la loi de cette efficacité.* Il existe un traité de *Bournes,* auteur anglais, sur l'hélice propulsive; je n'ai pas pu me le procurer; j'ai eu moins à le regretter en songeant que ce traité avait été traduit par l'amiral Paris; il ne peut donc pas contenir de théorie explicative du mode d'action de l'hélice, sans quoi son traducteur n'eut pas employé l'épithète d'*occulte* pour caractériser l'effet de ce moteur; j'ose affirmer que cette épithète ne pourra plus être acceptée par les lecteurs de ce Mémoire.

§ III. — Mise en équation pour une loi quelconque de résistance.

Lorsqu'une surface s se meut dans un fluide avec une vitesse v, la résistance que le fluide oppose au mouvement sera une fonction de s et de v; soit $p = f(s, v.)$ l'expression analytique de cette résistance.

Soit $F(x, y, z) = o$ l'équation d'une surface représentée en cordonnées orthogonales; je prends un fragment de cette surface limitée par ses intersections avec quatre autres surfaces quelconques $F_1 = o$, $F_2 = o$, $F_3 = o$, $F_4 = o$; soit, par exemple, par deux plans parallèles aux zx, $y = y_0$, $y = y_1$, et par deux plans parallèles aux zy, $x = x_0$, $x = x_1$; je relie ce fragment de surface d'une manière inflexible à l'axe des y, et je suppose que la surface avec tout le système de cordonnées tourne autour de l'axe des y pris comme axe de rotation ou *arbre.* Je vais rechercher ou mesurer les efforts de réaction développés dans un fluide de densité D par le mouvement de rotation.

Soit N le nombre de tours, par seconde, de l'arbre de rotation.

Soit $\theta = 2\pi N$ la vitesse de rotation ou vitesse rectiligne d'un point d'une circonférence située à un mètre de l'arbre.

Alors θr sera la vitesse d'un point situé à une distance r de l'arbre; et $r = \sqrt{x^2 + z^2}$.

Soit O un point quelconque de fragment de surface considérée, et x, y, z, les cordonnées de ce point. Par ce point O et par l'axe de rotation y je fais passer un plan dont l'équation sera $t = \dfrac{z}{x} u$, en appelant u, v, t les coordonnées courantes qui correspondent à x, y, z. Par le point O, je mène une droite que j'appelle OZ perpendiculaire sur le plan précédent; la puissance de réaction du fluide se fera sentir dans la direction de cette droite tangente à la direction du mouvement de rotation. Je considère l'élément d^2s du plan tangent à la surface mobile au point O ; je mène la normale à ce plan tangent ou à la surface, et je la désigne par ON ; je mène OY parallèle à l'axe de rotation.

Soit encore n la vitesse de translation de l'arbre dans le sens de la longueur.

J'aurai θr cos ZoN pour la vitesse donnant lieu à la réaction du fluide dans la direction de la normale au plan tangent ; j'aurai n cos YoN pour la vitesse de l'appareil estimée suivant la même normale ; les choses se passeront comme si la partie de surface d^2s était choquée avec une vitesse normale $v = \theta r$ cos ZoN $- n$ cos YoN ; si donc la loi $f(s, v)$ est l'expression *mathématique* rigoureuse de la résistance, on aura :

$$d^2P = f\left(d^2s, (\theta r \cos ZoN - n \cos YoN)\right).$$

En projetant cette force suivant OZ, on aura l'effort de réaction dans le sens de la rotation ; en projetant cette force suivant OY, on aura l'effort de réaction dans le sens de la poussée ou de la translation. De plus, en appelant λ l'angle du plan tangent avec le plan des yx, on aura $d^2s = \dfrac{dxdy}{\cos \lambda}$. On pourra donc écrire comme conséquence logique d'une loi mathématique les équations suivantes :

$$1° \quad - d^2P_1 = \cos ZoN\; f\left(\frac{dxdy}{\cos \lambda}, (\theta r \cos ZoN - n \cos YoN)\right)$$

$$2° \quad - d^2P_2 = \cos YoN\; f\left(\frac{dxdy}{\cos \lambda}, (\theta r \cos ZoN - n \cos YoN)\right)$$

Or, si l'on examine la trace sur le plan tangent d'un plan $t - z = -\dfrac{x}{z}(u - x)$ perpendiculaire à celui qui passe par O et par l'axe des y, cette trace, que j'appellerai oT, forme avec oY un angle $ToY = \varphi$ qui joue un rôle considérable dans cette théorie. En examinant les divers angles solides triples formés au point O, on trouve les deux relations : cos YoN $=$ sin ZoN. cos NzY et $tg\varphi = tg$ ZoN. cos NzY. En divisant ces deux équations l'une par l'autre, il vient : cos YoN $=$ cos ZoN $tg\varphi$, résultat important comme on le verra. Ce n'est pas de cette manière simple, je l'avoue, que je suis arrivé à cette démonstration ; mais des calculs énormes m'ayant conduit constamment à trouver un rapport qui jouait le principal rôle, j'ai voulu donner un caractère géométrique à ce rapport ; la démonstration géométrique m'a réussi, et, à la suite, la démonstration analytique, qui se déduit des formules connues, est encore plus facile. Si je pose ZoN $= \alpha$, angle du plan tangent avec le plan qui passe par le point O et l'axe des y, j'aurai, en résumé, pour une surface quelconque et pour une loi quelconque de résistance :

$$1° \quad - d^2P_1 = \cos \alpha\; f\left(\frac{dxdy}{\cos \lambda}, (\theta r - n\,tg\,\varphi)\cos \alpha\right) \quad \text{poussée de rotation.}$$

$$2° \quad - d^2P_2 = \cos \alpha\; tg\,\varphi\; f\left(\frac{dxdy}{\cos \lambda}, (\theta r - n\,tg\,\varphi)\cos \alpha\right) \quad \text{poussée de translation.}$$

On voit que le rapport différentiel des pressions $\dfrac{d^2\mathrm{P}_2}{d^2\mathrm{P}_1} = tg\varphi$; on aura ensuite :

$$3^o - d^2\mathrm{M}_1 = d^2\mathrm{P}_1.r. \qquad\qquad 5^o - \mathrm{T}_1 = \mathrm{M}_1\,\theta.$$
$$4^o - d^2\mathrm{M}_2 = d^2\mathrm{P}_2.r. \qquad\qquad 6^o - \mathrm{T}_2 = \mathrm{P}_2\,n.$$

Il faudra maintenant exprimer λ, α, φ en fonction des coefficients différentiels de l'équation de la surface $\mathrm{F}\,(x, y, z) = 0$; choisir une loi de résistance $f(s, v)$ théorique ou empirique; tirer la valeur explicite de z en fonction de x et de y; substituer à r la valeur $\sqrt{x^2+z^2}$; puis, enfin, effectuer les intégrations dans les limites choisies pour terminer la pale mobile ou motrice.

λ est l'angle du plan tangent à la surface avec le plan des xy; on sait que l'équation du plan tangent est $(u-x)\dfrac{d\mathrm{F}}{dx} + (u-y)\dfrac{d\mathrm{F}}{dy} + (t-z)\dfrac{d\mathrm{F}}{dz} = 0$, et alors :

$$\mathrm{Cos}\,\lambda = \frac{\dfrac{d\mathrm{F}}{dz}}{\sqrt{\left(\dfrac{d\mathrm{F}}{dx}\right)^2 + \left(\dfrac{d\mathrm{F}}{dy}\right)^2 + \left(\dfrac{d\mathrm{F}}{dz}\right)^2}}.$$

α est l'angle de deux plans dont l'un est le plan tangent, et dont l'autre a pour équation $t-z = \dfrac{z}{x}.(u-x)$. En effectuant les calculs, on trouve :

$$\mathrm{Cos}\,\alpha = \frac{z\,\dfrac{d\mathrm{F}}{dx} - x\,\dfrac{d\mathrm{F}}{dz}}{\sqrt{x^2+z^2}\;\sqrt{\left(\dfrac{d\mathrm{F}}{dx}\right)^2 + \left(\dfrac{d\mathrm{F}}{dy}\right)^2 + \left(\dfrac{d\mathrm{F}}{dz}\right)^2}}.$$

φ est l'angle avec l'axe des y d'une droite passant par l'origine et ayant pour équations : $u\dfrac{d\mathrm{F}}{dx} + v\dfrac{d\mathrm{F}}{dy} + t\dfrac{d\mathrm{F}}{dr} = o$ et $tz + ux = o.$; la valeur de $\cos\varphi$ est assez complexe, mais la valeur de $tg\varphi$ est très simple; la voici :

$$tg\varphi = \frac{\sqrt{x^2+z^2}\cdot\dfrac{d\mathrm{F}}{dy}}{z\,\dfrac{d\mathrm{F}}{dx} - x\,\dfrac{d\mathrm{F}}{dz}}.$$

Les calculs auxquels on est conduit ne sont pas aussi complexes que l'apparence semble l'indiquer si l'équation $f(s, v)$ n'est pas très compliquée. Toutefois, le système de coordonnées rectangles ne se rattache pas d'une manière directe à la nature des choses, et un choix judicieux de coordonnées apportera des simplifications considérables pour la recherche effective des cas usuels.

Il restera, pour compléter la mise en équation du problème, à écrire l'équation du mouvement $m \cdot \dfrac{dn}{dt} = P_2 - R$, ou m représente la masse du corps entraîné, P_2 la puissance de translation, R la résistance opposée au mouvement par le corps mû. Lorsque n est constant, cette équation se réduit à $P_2 = R$. C'est l'équation ordinaire du parachute si l'on donne à P_2 la signification du *poids* soutenu par la résistance R de l'air; $R = f(s, n)$.

§ IV. — Autre système de coordonnées.

Dans les coordonnées rectangles, les trois surfaces coordonnées dont l'intersection fixe la position d'un point sont trois plans orthogonaux; la nature de la question conduit au système des trois surfaces coordonnées suivantes pour fixer la liaison analytique entre les points de la surface mobile :

1° — Des plans passant l'axe de rotation y, et inclinés de ω sur l'ancien plan des xy;

2° — Des plans perpendiculaires à l'axe de rotation y; ces plans sont coupés par les précédents suivant des lignes qui forment les *rectiligues* des *dyèdres* des premiers plans, ou qui sont inclinées entre elles de l'angle variable ω;

3° — Des surfaces cylindriques circulaires à rayon variable r, ayant pour axe l'axe de rotation y.

Ce système de coordonnées est mi-polaire; les variables sont r, y, ω. L'axe des y est compté *positivement* dans le sens de la translation dans les deux systèmes.

Les relations $z = r \sin \omega$, $x = r \cos \omega$, $y = y$ permettent de passer de l'ancien système au nouveau; l'équation $F(x, y, z) = o$ deviendra $F(r \cos \omega, y, r \sin \omega) = o$ ou $F(r, y, \omega) = o$. Les relations $r = \sqrt{x^2 + z^2}$ $\omega = \operatorname{arctg} \dfrac{z}{x}$, $y = y$., permettent de passer du nouveau système à l'ancien; les équations simples d'un système seront, en général, transcendantes dans l'autre système, et *vice versâ*. Les fonctions naturellement indiquées par la nature du sujet peuvent conduire à des calculs inextricables avec un système vicieux de surfaces coordonnées représentatives.

On voit immédiatement que :

1° — $F(y, \omega) = o$ représente des surfaces hélicoïdales orthogonales avec une courbe directrice $F(y, \omega) = o$ dessinée sur un plan en portant ω en abcisse et y en ordonnée, puis en rabattant ensuite cette directrice sur un cylindre de rayon r, r étant le module choisi pour convertir ω en longueur d'abcisse. Ainsi, $ay + b\omega + c = o$ indique une *hélice ordinaire* à directrice rectiligne et à génératrice orthogonale.

2° — $F(r, y) = o$ indique une surface de révolution engendrée par une courbe plane $F(r, y) = o$ qui tourne autour de l'axe des y. Ainsi $ay + br + c = o$ représente un *cône droit* à base circulaire.

3° — $F(r, \omega) = o$ indique la surface d'un cylindre droit dont la base est formée par la courbe plane $F(r, \omega) = o$ représentée en coordonnées polaires sur un plan quelconque perpendiculaire à l'axe des y. Ainsi $ar + b\omega + c = o$ représente un *cylindre droit* dont la base est une spirale ordinaire.

On voit que $F(r, y, \omega) = o$ peut être considérée comme une sorte de surface hélicoïdale générale dans laquelle la *directrice* tracée sur un cylindre de rayon $r = r_1$ représente une courbe plane $F(r_1 y, \omega) = o$ rabattue sur le plan du cylindre de rayon r, tandis que la *génératrice* est une courbe quelconque représentée sur le plan $\omega = \omega_1$ par l'équation $F(r, y, \omega) = o$. On peut encore dire que la surface $F(r, y, \omega) = o$ est engendrée par une *génératrice* $F(y_1 r, \omega) = o$ courbe restant dans un plan perpendiculaire à l'axe des y, et qui se meut en s'appuyant sur une *directrice* $F(r_1, y, \omega) = o$, courbe hélice d'un degré quelconque que l'on obtient en construisant la courbe sur un plan et en rabattant sur le cylindre de rayon r_1. Ce dernier mode de génération sera souvent préférable pour limiter la surface mobile par deux plans perpendiculaires aux y. Ainsi $ay + br + c\omega + d = o$, équation du 1er degré, représentera une surface hélicoïdale à *génératrice rectiligne, oblique*, et à *directrice* linéaire, rectiligne sur un plan, et en *hélice* linéaire après rabattement sur un cylindre; ou bien cette surface sera engendrée par des spirales variables $ay_1 + br + c\omega + d = o$ qui glissent sur l'*hélice* linéaire $ay + br_1 + c\omega + d = o$, après rabattement sur le cylindre de rayon r_1 de la droite $ay + c\omega + br_1 + d = o$.

Cela posé, comme je tiens à caractériser la signification géométrique de chaque coefficient différentiel, ainsi que des relations entre les diverses variables qui interviennent dans le calcul, je désignerai par β l'angle formé avec l'axe des r par la tangente à la courbe $F(r, y, \omega_1) = o$ intersection de la surface par un plan d'axe incliné de $\omega = \omega_1$; alors $tg\beta = \dfrac{dy}{dr}$; je désignerai par γ l'angle formé avec la ligne polaire des r par la tangente à la courbe en équation polaire $F(r, y, \omega) = o$ intersection de la surface par un plan $y = y_1$; alors $tg\gamma = r\dfrac{d\omega}{dr}$. Les lettres α et φ conservent la signification précédente, ainsi que λ qui n'intervient pas dans le calcul pour ce dernier système de cordonnées; on verra que $tg\varphi = r\dfrac{d\omega}{dy}$, et on aura le tableau suivant qui sera utile pour éclairer les questions.

$$tg\varphi = r\frac{d\omega}{dy}. \qquad\qquad tg\gamma = tg\alpha \sin\beta.$$

$$tg\alpha = r\sqrt{\left(\frac{d\omega}{dy}\right)^2 + \left(\frac{d\omega}{dr}\right)^2} \qquad\qquad tg\varphi = tg\alpha \cos\beta.$$

$$tg\beta = \frac{dy}{dr} = \frac{\dfrac{d\omega}{dr}}{\dfrac{d\omega}{dy}} \qquad\qquad tg\gamma = tg\beta\, tg\varphi.$$

$$tg\gamma = r\frac{d\omega}{dr} \qquad\qquad tg^2\alpha = tg^2\varphi + tg^2\gamma.$$

Ces préliminaires indispensables étant achevés, le reste est facile; la valeur géométrique des coefficients différentiels sert à guider dans la construction, et, inversement, les rapports entre les grandeurs géométriques indiquent les variétés de surface qui satisfont à la loi de ces rapports.

Si, dans la pratique, on avait besoin de connaître les longueurs l, l_1, l_2, des arcs de lignes courbes découpées sur la surface motrice par les surfaces coordonnées, on verrait facilement que $dl = dy \sqrt{1 + r^2 \left(\dfrac{d\omega}{dy}\right)^2}$,

$dl_1 = dr \sqrt{1 + \left(\dfrac{dy}{dr}\right)^2}$, $dl_2 = dr \sqrt{1 + r^2 \left(\dfrac{d\omega}{dr}\right)^2}$ représentent la longueur de l'arc d'*hélice directrice* d'un degré quelconque, la longueur de la *génératrice* comptée sur des plans d'axe, et la longueur de la *génératrice* comptée sur des plans perpendiculaires à l'axe.

Avant de choisir une loi de résistance $P = f(s, v)$ et d'effectuer les calculs d'intégration, ce qui n'est plus qu'un jeu de calcul, il convient d'indiquer ce que l'on peut dire de général, pour une loi quelconque, comme théorie des moteurs mécaniques.

§ V. — Théorie de la locomotion mécanique pour une loi quelconque de résistance.

On a vu que le rapport des pressions différentielles $\dfrac{d^2 P_2}{d^2 P_1} = tg\varphi$, $tg\varphi$ étant une certaine fonction des coefficients différentiels de la surface motrice $F(x, y, z) = o$ ou $F(r, y, \omega) = o$. Si $tg\varphi$ est constant, ce qui caractérise une famille de surfaces dont $tg\varphi = c$ est l'équation aux différences partielles, ce rapport n'influe pas sur les intégrations et l'on aura encore $\dfrac{P_2}{P_1} = tg\varphi$. Lorsque la nature de la surface fait varier φ, le rapport $\dfrac{P_2}{P_1}$ ne peut se déterminer qu'après l'effectuation des intégrales. Ce rapport, que je désignerai par la lettre t pour rappeler le cas de $tg\varphi$, dépend en général de n et de θ, ainsi que des diverses particularités qui spécifient la pale mobile. Lorsque n et θ sont constants, t devient aussi constant.

On aura $d^2 M_1 = d^2 P_1 . r$ et $d^2 M_2 = d^2 P_2 . r$.; deux nouvelles intégrations fourniront M_1 et M_2 ou *moments de rupture*. Pour les surfaces définies par la condition $tg\varphi = c$, on aura encore $\dfrac{M_2}{M_1} = tg\varphi$.; pour d'autres surfaces, les valeurs de M_1 et M_2 dépendront en général de n et de θ.

On aura $\dfrac{M_1}{P_1} = r_1$ et $\dfrac{M_2}{P_2} = r_2$. équations qui donneront les *bras de levier de rupture* r_1 et r_2. La valeur de ces bras de levier permettra de mesurer la puissance nécessaire des pièces métalliques pour les hélices maritimes, et la résistance des squelettes en roseaux de fer pour les hélices aériennes.

La rotation de l'appareil autour de l'axe des y engendre une réaction qui produit un travail $T_1 = \theta M_1 = P_1 . \theta r_1$. Cette réaction du fluide contre le mouvement de rotation produit aussi une réaction pour transporter l'arbre dans le sens de la longueur, et le travail $T_2 = P_2 n$ mesure cet effort. Le travail dans le sens de la translation est relié au travail de la rotation par un rapport ρ qui dépend de la nature de l'appareil, ainsi que de la résistance opposée au mouvement de translation. Ce rapport ρ ne doit pas être confondu avec le *coefficient* de rendement qui multiplie le *travail total* pour donner le *travail utile;* on a donc $P_2 n = \rho \cdot P_1 \cdot \theta r_1$; or, $P_2 = P_1 t$. Donc, en substituant et tirant la valeur de n, on obtiendra :

$$n = \rho \cdot \frac{\theta r_1}{t} \cdot \quad \text{ou} \quad n = \rho \cdot \frac{2\pi r_1 \cdot N}{t}$$

Ainsi, la vitesse de translation que l'appareil imprimera à l'axe de rotation sera celle *d'un point d'une circonférence dont le rayon est* r_1; cette circonférence se mouvant avec la vitesse angulaire θ; le rayon r_1 étant multiplié par un certain facteur $\frac{\rho}{t}$ qui dépend de la résistance à vaincre et de la constitution de l'appareil.

On est donc conduit à considérer, pour tout appareil de locomotion mécanique, *une circonférence d'action* dont le rayon est précisément le bras de levier de rupture de la rotation. Cette conclusion importante et absolument générale, indépendamment de toute loi de résistance, montre donc une similitude étroite entre l'effet d'une *hélice* et l'effet des *roues à aubes.* Dans les deux cas, la *possibilité de vitesse* ne se rattache que d'une manière indirecte à la puissance de la machine motrice. Cette machine doit suffire à vaincre la résistance; mais la puissance ne se traduit en vitesse que d'après la grandeur de θ et de r_1; il faudra de grands diamètres $2r_1$, ou de grandes vitesses θ, l'une de ces quantités pouvant indifféremment se substituer à l'autre comme grandeur, au point de vue de la circonférence d'action; mais il n'en est plus de même au point de vue de la valeur relative de ρ et de t, et les grands diamètres ont un autre genre d'influence qui servira surtout à donner à la marche un *coefficient de rendement* plus avantageux ou plus près de l'unité. Cela seul suffirait à supprimer l'épithète d'*occulte* pour ce qui concerne le rôle des diamètres de l'hélice. Ce diamètre ne sera limité que par les conditions de résistance des matériaux et par les exigences d'installation.

Si l'on pose $\frac{2\pi r_1}{t} = h_1$, on aura la définition de ce que j'appellerai le *pas d'action* de l'appareil moteur, quoique je ne l'utiliserais pas. On aura alors $n = \rho \cdot h_1 N$. La vitesse de translation sera égale à ce *pas moyen* multipliée par le nombre de tours par secondes et par un facteur particulier. Si l'on pose $h = \frac{2\pi r}{t}$, en définissant ainsi le *pas élémentaire* à la distance r de l'arbre, on voit que pour les surfaces où t est constant, ce *pas élémentaire* variera proportionnellement à la distance à l'axe de rotation; chaque fraction superficielle de l'aile motrice tendra donc à communiquer à l'appareil une vitesse différente, et la moyenne intégrale de ces vitesses sera donnée par la vitesse moyenne due au *pas moyen* h_1, ou *pas d'action;* il y a là encore quelque chose d'identique à ce qui se passe pour les roues à aubes où la *circonférence d'action* donne lieu à une vitesse plus grande que celle acquise par les points des pales plus rapprochés de l'arbre, et plus petite que celle acquise par les points des pales plus éloignés de l'arbre. Si, au contraire, le rapport $\dfrac{r}{t}$ est constant dans toute l'étendue de l'aile motrice, ce qui définit une famille particulière de surfaces, alors le *pas est constant*, et chaque partie élémentaire de la surface motrice tend à imprimer la même vitesse à l'appareil.

La largeur comptée sur l'axe de rotation pour limiter la pale dans le sens de sa hauteur sera y_1, fraction de h_1, ou fraction du *pas employé*, que ce *pas soit constant* ou qu'il s'agisse de ce *pas moyen* relatif à la circonférence d'action de rayon r_1 ou bras de levier de rupture de la poussée dans le sens de la rotation.

Le travail T_1 qui correspond à la pression rotatoire est égal à $M_1\,\theta$, ou $T_1 = P_1 . 2\,\pi\,r_1 . N$; lorsque $n = o$, et qu'il s'agit d'exercer une traction ou de soulever un poids, ce travail indique, à un *facteur de rendement près*, l'effort de la machine nécessaire pour soulever le poids ou exercer la traction qui doit être équilibrée par P_2. On peut donc écrire $T_1 = \dfrac{P_2}{t} . 2\,\pi . r_1 . N$. Or, dans la pratique aérienne, si elle doit avoir lieu, on voit que la machine qui devra soulever un poids devra avoir une puissance en kilogrammètres égale au *produit de ce poids* par *la vitesse de la circonférence d'action*, au facteur près t, facteur que l'on peut rendre plus grand que 1, mais qui est toujours petit. Cela est effrayant pour l'avenir de la locomotion mécanique dans l'air, et nous verrons que, actuellement, il n'existe pas de machines capables d'enlever leur propre poids, ou capables de développer une puissance égale à leur poids multiplié par le chemin $2\,\pi\,r_1\,N$, puisqu'il faudra des valeurs très grandes à N ou à r_1 pour produire un P_2 ayant une valeur très grande. Aussi, en dehors d'appareils peu étendus à ressort d'horlogerie, il faudra rononcer à élever des poids par la réaction de l'air *avec des appareils de rotation*, à moins d'effectuer un progrès considérable dans la confection des machines. Je reviendrai à diverses reprises sur ce point si grave en donnant des valeurs numériques. Nous verrons même qu'il faut des machines relativement moins fortes pour diriger un ballon comme on dirige un navire que pour soulever les poids par le seul effort de réaction dans le sens de l'arbre. J'indiquerai, de plus, quelle peut être la constitution des appareils de soulèvement pour lutter contre le moment de rupture, si l'on arrive à produire des forces motrices assez puissantes pour que le *cheval-vapeur*, ou 75 kilogrammètres, ne pèse que 7 à 8 kilogrammes; et, pour de grands efforts, il faudra réduire encore davantage le poids du cheval-vapeur.

J'ai tenu à présenter la question sous cette forme, parce que l'on peut juger ainsi de la nature du phénomène; mais, en réalité, dans les calculs, on verra qu'il est plus commode de faire intervenir le rayon extrême r de la pale motrice au lieu du rayon r_1, bras de levier de la rupture. On aura l'équation $P_2 = R$, qui permettra de déterminer n par une équation plus ou moins complexe suivant la loi de résistance, et l'on pourra si l'on veut, à la suite, déterminer la valeur de ρ. Quant à la machine motrice qui doit équilibrer la rotation ou produire le travail $R\,n$, on aura $F = \dfrac{R\,n}{75}$, F étant la force réelle en *chevaux*-vapeur.

Comme exemple, je suppose que la loi de résistance $f(s, v)$ soit une forme monôme KSV^m, m étant quelconque. Je suppose de plus que $\dfrac{tg\varphi}{r}$ soit un nombre constant, ce qui définit précisément la nature particulière des surfaces pour lesquelles le *pas* est constant; alors, l'équation $p_2 = R$ sera de la forme

$$C\left(1 - \frac{n}{\theta r}\, tg\varphi\right)^m = KS\left(\frac{n}{\theta r}\right)^m,$$ en ayant soin de préparer convenablement

l'équation, et il viendra

$$\frac{n}{r\theta} = \frac{1}{tg\varphi + \sqrt[m]{\dfrac{KS}{C}}}.$$

Cette équation remarquable sera précisément utilisée comme donnant le facteur qui doit multiplier θr, *vitesse d'un point de la circonférence extrême*, pour fournir la vitesse n correspondante. On voit qu'une *loi monôme* d'un degré quelconque conduit à la *constance du rapport* $\dfrac{n}{\theta}$ pour une aile motrice appartenant à la famille particulière de surfaces pour lesquelles le *pas est constant*. Dans la pratique, on pourra donc vérifier immédiatement, avec un appareil constant de ce genre de surfaces, si la loi de résistance peut être exprimée, oui ou non, par une forme monôme d'un degré quelconque.

§ VI. — Choix d'une loi de résistance.

Lorsqu'une surface plane s, exprimée en mètres carrés, se meut dans un fluide d'une densité D, avec une vitesse V exprimée en mètres par seconde, on a la formule théorique $p = \dfrac{D}{2g} . SV^2$ pour exprimer la force normale de de réaction du fluide sur la *face avant* de la surface; g exprime la constante de la gravitation.

Cette question épineuse a occupé un grand nombre d'hommes distingués, parmi lesquels on pourrait citer au moins vingt noms fort sérieux, et l'on peut dire que le sujet est loin d'être épuisé. Ce premier Mémoire est déjà très chargé, eu égard au but spécial que je poursuis; je me contenterai d'une brève analyse, en remettant à une autre et prochaine occasion, si les circonstances me le permettent, le soin de développer mes propres recherches avec toute l'étendue qu'elles comportent.

L'équation $\dfrac{SD}{2g} V^2$ ne donne que la pression sur la *face avant* d'un plan mince mû normalement à la direction de la vitesse; elle n'indique rien encore sur la *face arrière* du plan; elle ne donne rien pour les faces latérales d'un corps solide; elle ne tient pas compte de l'état *limité* du milieu fluide; elle néglige l'influence de la *cohésion* et de la *viscosité*, quantités négligeables pour l'air, mais non pas pour l'eau. Lorsqu'il s'agit de corps solides en mouvement, M. Reech a démontré que la loi $\dfrac{SD}{2g} V^2$ ne pouvait être exacte que pour la comparaison d'efforts de réaction produits par le mouvement de polyèdres semblables, avec des vitesses proportionnelles à la racine carrée des lignes homologues. Cette loi était déjà admise pour les corps sphériques.

Le point de départ de la démonstration s'appuie sur ce que SDH mesure la pression supportée par une surface S plongée dans un fluide de densité D à une profondeur H. On sait que $H = \dfrac{V^2}{2g}$ donne la vitesse théorique d'écoulement due à la hauteur. En retournant le problème, on obtient la formule indiquée.

Le fluide dans lequel se produit le mouvement ne peut pas être indéfini, puisque ce fluide est pesant. Nous vivons dans un air dont la hauteur serait de 8000 mètres environ, si cet air conservait partout la densité des couches à fleur de sol. Si ce milieu décuplait d'étendue, nous serions écrasés sous le poids de 10 atmosphères ou de 10 k. par centimètres carrés. De même, s'il existe des corps organisés à 4000 mètres de profondeur sous l'Océan, ces corps sont faits pour résister à une pression de 400 atmosphères, et ils seraient détruits si l'on modifiait notablement cette pression. Si l'on considère la hauteur H_1 du milieu ambiant, on en conclut une vitesse correspondante $V_1 = \sqrt{2g\,H_1}$ qui est d'environ 400 mètres dans le cas de l'air. Dans le cas de l'eau, $V_1 = \sqrt{2g\,(H_1 + 10, 33)}$ si la hauteur H_1 est assez considérable pour isoler complètement les lames liquides inférieures de tout rapport avec l'atmosphère; $V_1 = \sqrt{2g\,H_1}$, dans le cas des corps très peu plongés sous l'eau. Cette quantité V_1 joue un rôle important.

On voit qu'une lame mince en mouvement, *en supposant que le vide soit produit derrière elle*, devrait supporter une pression $\dfrac{SD}{2g}\,(V_1{}^2 + V^2)$, quantité qui représentera l'effort de réaction due au fluide contre la face avant d'un plan, et que j'appellerai p'.

On sait que le *parallélogramme des forces* n'est identique au *parallélogramme des vitesses* ou *loi de Galilée*, que parce que la *force est proportionnelle à la vitesse*, ce qui a lieu communément. Laplace a même consacré un chapitre de la *Mécanique céleste* à l'examen des circonstances dynamiques pour lesquelles la force n'est pas proportionnelle à la vitesse. Dans le cas que je considère, on voit qu'une vitesse double ne donne pas une vitesse double; qu'ajouter des vitesses ne revient pas au même que d'ajouter des pressions, et *vice versâ*. C'est pour avoir méconnu cette réflexion, et avoir constamment confondu le parallélogramme des forces avec celui des vitesses, que don George Juan a formulé une théorie erronée, en partant de ces mêmes bases. Ainsi, il a admis que $p' = \dfrac{SD}{2g}\,(V_1 + V)^2$; et, en tenant compte de la pression postérieure, il a obtenu une formule proportionnelle à la première puissance de la vitesse.

Si l'on avait une équation *mathématiquement rigoureuse* $p' = f(S, V)$, l'application logique de la loi de Galilée conduirait à des conséquences *mathématiquement rigoureuses*. Si la surface mouvante faisait un angle ψ avec la position primitive, normale à la vitesse, on en conclurait que $p' = f(S, V \cos \psi) \cdot \cos \psi$, pour estimer le nouvel effort de réaction suivant la direction de la vitesse. Or, quelques expérimentateurs et commentateurs se sont étonnés que la loi du $\cos^2 \psi$, qui résulte de la loi $\dfrac{SD}{2g}\,V^2$, ne se vérifie pas expérimentalement.

Cette discordance entre la prévision théorique et le résultat expérimental prouve simplement que la loi du carré des vitesses n'est pas exacte; mais admettre la vérité de la loi du carré des vitesses, et ne pas admettre en conséquence la loi du cos $^2\psi$ pour les incidences variables, est un peu plus qu'une hérésie scientifique. Il est très rare que l'on puisse soumettre directement au contrôle de l'expérience le résultat d'une théorie logique; on est obligé de tirer des conséquences secondes qui se prêtent facilement à la vérification expérimentale. Dans notre cas, on ne peut pas infirmer le *principe de Galilée*, qui a fourni la loi du *carré des cosinus ;* on doit donc infirmer la loi du *carré des vitesses*, et nous verrons quel est le sens de ce désaccord.

Acceptons un moment la bonté *mathématique* de la loi $p' = \dfrac{DS}{2g}(V_1{}^2 + V^2)$.

Si, en avant de la surface, on dispose une forme en pointe ou en coin, cet *ajutage* devra produire un rôle de diminution dans l'effort; on considérera chaque molécule d^2s de l'*ajutage*, et l'on aura $\dfrac{D}{2g} \cdot V^2 \cdot \cos^2\psi \cdot dxdy$, pour mesurer l'effort particulier dû à l'élément superficiel d^2s qui se projette suivant $\dfrac{dxdy}{\cos\psi}$. En effectuant l'intégration pour toute l'étendue de l'*ajutage* qui s'appuie sur la surface S ou section du corps en mouvement par un plan perpendiculaire à la vitesse, on aura multiplié $\dfrac{DS}{2g} \cdot V^2$ par un facteur particulier qui dépendra de l'*étendue* et de la *forme* de l'*ajutage*, en même temps que du *contour* même qui limite la surface S. On peut admettre, par une vue analogue à celle de Cassini pour instituer un angle fictif de réfraction totale, qu'il existe un certain plan incliné de μ sur l'ancienne position, et dont le facteur cos $^2\mu$ serait précisément identique au résultat de l'intégration. Ainsi, on aura $\dfrac{DS}{2g}(V_1{}^2 + V^2\cos^2\mu)$ pour représenter la pression sur la partie antérieure d'un corps plongé, ce corps étant armé d'un *ajutage* en pointe dont l'influence est représentée par cos $^2\mu$, μ étant l'angle fictif que donnerait un *ajutage* théorique plan formant coin.

Or, lorsqu'un plan mince est en mouvement, les molécules liquides ne restent point en *files parallèles* jusqu'à la rencontre de la surface, ainsi qu'il faudrait l'admettre pour le sens de la démonstration. Il se forme en avant du plan ce que l'on peut appeler un *avant bec* naturel ou *ajutage naturel* fluide, dont l'influence peut se représenter par un certain facteur cos $^2\mu$, correspondant à l'effet qui serait produit par un *ajutage artificiel*. D'après ces prémisses, on voit que l'ajutage liquide naturel qui se produit à l'avant d'une surface doit varier, non seulement avec la *vitesse*, non seulement avec l'*étendue* de la surface S, mais même avec la *forme* ou *contour* qui limite cette surface.

Si maintenant on incline le plan S d'un angle ψ sur la première direction, on aura $\dfrac{DS}{2g} \cdot V^2 \cdot \cos^2\mu \cdot \cos^2\psi$ pour représenter l'effort. Mais ici, dès que l'angle ψ dépasse une certaine grandeur, l'avant bec naturel tend à disparaitre, comme s'il se produisait dans le fluide un véritable *talus de glissement*. De sorte que μ dépend de ψ suivant une loi complexe, et la confrontation expérimentale doit fournir des valeurs beaucoup trop fortes pour les petits angles.

Examinons maintenant ce qui a lieu à l'arrière. Le mouvement du plan produit un véritable effet de *pompe* dans un cylindre idéal à paroi fluide. Si la vitesse du mouvement est assez grande pour que le *vide* se fasse à l'arrière, la formule $p' = \dfrac{DS}{2g} (V_1 + V^2 \cos {}^2\mu)$ représentera l'effort de réaction. Ce cas ne pourra se présenter dans l'air que pour les projectiles, puisque $V_1 = 400^m$ environ. Dans l'eau, il y aura lieu de remarquer si la vitesse V, d'écoulement du fluide eau doit se produire dans le *vide* ou bien dans l'*air;* ce qui correspond aux deux hypothèses : $V_1 = \sqrt{2g (H_1 + 10,33)}$ et $V_1 = \sqrt{2g\, H_1}$. J'ai longement traité ce cas important qui reçoit une application dans le mouvement des hélices rapides; mais je renverrai les formules longues et complexes, auxquelles cela donne lieu, à mon second Mémoire.

Pour des vitesses inférieures à V_1, la théorie ordinaire des pompes montre que la pression postérieure sera de la forme $p' = \dfrac{SD}{2g} (V_1{}^2 - V^2.)$ De même que sur l'avant, il se produit un *ajutage* ou *arrière bec naturel* dont on peut représenter l'influence par $\cos {}^2\nu$, et l'on aura en somme $p = p' + p''$ $= \dfrac{SD}{2g} (V_1{}^2 + V^2 \cos {}^2\mu - V_1{}^2 + V^2 \cos {}^2\nu)$. On voit que $V_1{}^2$ disparait *si la densité* D reste constante.

Ainsi, $p = \dfrac{SD}{2g} V^2 (\cos {}^2\mu + \cos {}^2\nu)$ représente la loi de la résistance dans un fluide de densité constante, μ et ν étant des angles qui varient avec la *vitesse,* avec l'*étendue* de la surface S, et avec la *forme* de cette surface.

Une analyse identique, mais en omettant le rôle des ajutages naturels, et en confondant le parallélogramme des forces avec le parallélogramme des vitesses, avait dû conduire don George Juan à $p = \dfrac{SD}{2g} ((V_1 + V)^2 - (V_1 - V)^2)$ $= \dfrac{SD}{2g} \cdot 4V_1 V$.

Nous voici donc arrivé à la forme $\dfrac{SD}{2g} V^2 (m + n)$ donnée par Dubuat qui, le premier, avait analysé le fait de la pression postérieure, ainsi que la diminution des efforts par l'effet des *ajutages* naturellement formés par le fluide; il donnait à ces *ajutages* l'expression heureuse, pittoresque et maritime de *proue* et *poupe* fluides; on voit que ces coefficients m et n sont loin d'être constants. On voit de plus la signification géométrique du théorème de M. Reech, et même une démonstration de ce théorème. Il se substitue au corps plongé une enveloppe fluide dont la forme varie avec les formes du corps ainsi qu'avec la vitesse; pour pouvoir comparer les résultats en supposant m et n constants, il faudrait que ces enveloppes fluides fussent *semblables,* ce qui exige des corps plongés *semblables,* et des *vitesses* exerçant une influence semblable, ou dont la racine quarrée soit proportionnelle aux lignes homologues.

Le problème d'hydrodynamique à résoudre consiste donc à rechercher quelle est l'*équation de l'enveloppe fluide* qui se substitue naturellement à un corps plongé pour produire l'effort de réaction du fluide; pratiquement, il s'agira de rechercher les lois de variation des coefficients μ et ν, suivant les diverses particularités du problème.

La densité D varie pour l'air avec la température et avec la pression barométrique. Certains expérimentateurs ont voulu tenir compte de ces changements ; mais, eu égard à la nature de la question, il semble que cela soit un enfantillage, à moins que l'on ne s'élève à quelque distance ; il n'en est plus de même lorsque l'on considère les changements de densité qui proviennent du fait de vitesses considérables. J'ai été conduit pour l'air à une formule qui contient le terme $\dfrac{V'}{V_1^2}$, et que j'appliquerai plus tard au mouvement des projectiles, cas où le vide a lieu sur l'arrière. Ce terme $\dfrac{V^2}{V_1^2}$, atteint à peine les *centièmes* pour une vitesse de 40 à 50^m par seconde ; par suite, je ne tiendrai pas compte de cette influence dans les calculs d'approximation de ce premier Mémoire. Pour le cas de l'eau, on sait que la densité reste constante, si cette eau est complètement purgée d'air ; or, ce n'est pas le cas de la pratique pour les couches aqueuses superficielles au sein desquelles on opère ; mais le genre de la correction est au-dessous de la nature d'approximation que l'on peut obtenir.

Si donc j'emploie la formule KSV^2 pour calculer la marche générale du phénomène offert par les moteurs mécaniques, je n'aurai aucune précision à attendre dans les *nombres* isolés résultant des calculs ; ces nombres devront être affectés de coefficients empiriques spéciaux à chaque cas ; mais ces coefficients varieront dans de faibles limites, et l'on sera certain de saisir le *sens général* du phénomène ; les *maximum* seront déplacés dans des situations voisines ; on aura la certitude que les résultats seront compris entre certaines limites en plus et en moins ; en bloc, on peut estimer à moins de $\dfrac{1}{10}$ l'approximation que l'on obtiendra, ce qui est déjà beaucoup pour guider dans les recherches expérimentales. On verra d'ailleurs le genre de conclusions que je veux déduire de mes formules ; j'attacherai fort peu d'importance, je le répète, aux nombres isolés, et il sera facile de montrer quel changement doit amener, dans l'analyse du phénomène, une loi de résistance aussi compliquée que l'on voudra ; par exemple, $p = S (AV + BV^2 + CV^3 \ldots)$; je dois faire observer qu'il est naturel de n'introduire que des puissances paires, eu égard à ce que l'on déduit les résultats de *pressions* ou de *hauteurs* qui dépendent seulement de V^2.

On comprend combien il doit y avoir d'écart dans les valeurs du coefficient K fourni par les divers expérimentateurs ; on aurait 104 kil. dans l'eau de mer pour *m* et *n* égaux séparément à 1 ; pour l'air, on aurait 135 grammes. Les uns estiment que le nombre actuel doit être de 77^k pour l'eau, et de 0^k,1 pour l'air ; d'autres diminuent ces chiffres jusqu'à 65^k ou 60^k pour l'eau, et par suite à 80 grammes environ pour l'air ; je n'utiliserai pour ainsi dire pas ces chiffres.

Quand il s'agit de s'appuyer sur le fluide pour produire un grand effort de réaction, on choisit la forme de surface qui augmente la valeur du coefficient ; c'est ici le lieu de faire observer qu'une légère inclinaison de la pale peut donner lieu à un effort plus grand que si la pale est normale à la vitesse ; car, si d'un côté on diminue le coefficient par l'influence du cos $^2\psi$, de l'autre on l'augmente parce que *m* et *n* ou cos $^2\mu$ et cos $^2\nu$ vont en augmentant.

En général, les formes *convexes* diminuent K, et les formes *concaves* l'augmentent; ainsi, un parapluie solide mû dans l'eau ou dans l'air, présente une différence très grande, facile à calculer, dans sa résistance relative aux deux directions opposées; c'est précisément à des différences de résistance de ce genre qu'est dû l'effet utile des battements d'ailes; l'élytre du hanneton offre une résistance proportionnelle à 120 grammes dans un sens, et à 50 grammes dans l'autre, ce qui produit un effort d'ascension proportionnel à 70 grammes.

Quand il s'agit au contraire de lutter contre la résistance du fluide pour transporter à de grandes vitesses un corps plongé, il faut diminuer le plus possible la valeur du coefficient de résistance, ce qui se fait en donnant aux corps à mouvoir des formes en coin. Pour les corps *mi-plongés* ou navires, la question est très complexe et exige une analyse spéciale. M. le capitaine de vaisseau Bourgeois, dans un Mémoire expérimental sur les formes usitées dans la marine pour les vitesses obtenues au maximum de 6 à 7 mètres par seconde, a traité ce cas, et a prouvé que les meilleures formes de navires actuels avaient des coefficients compris entre 3 et 5 kil. par mètre carré, par mètre de vitesse; ces coefficients ne sont pas constants, et il ne paraît pas possible d'admettre la forme monôme pour exprimer la loi de la résistance. De là, on peut conclure que l'on abaisse à $\frac{1}{25}$ environ la valeur maximum de la résistance, pour les formes actuellement utilisées; en admettant pour l'air des formes analogues, on arrivera à estimer à environ 4 grammes l'effort à vaincre par chaque mètre de superficie de la section d'un ballon allongé, pour chaque mètre de vitesse. Ces nombres peuvent s'améliorer dans la marine marchande ou militaire; on est certainement désireux d'obtenir de la vitesse, mais il faut sacrifier à d'autres exigences. Si l'on ne veut qu'un sillage rapide, en sacrifiant toute autre espèce d'utilisation, il est possible d'abaisser le coefficient à 1 *k* ou 2 *k* pour l'eau, et à 2 grammes pour l'air, attendu que dans ce dernier cas le frottement est presque insensible. De plus, en plaçant les hélices sur l'avant, on est certain d'améliorer encore cette diminution. Les bateaux de course rapide qui servent aux joutes anglaises ont une longueur égale à 30 fois leur largeur et un creux très faible; leur résistance n'atteint pas 0^k,5; ces bateaux ne peuvent absolument servir qu'à un amusement, et il ne paraît pas que les exigences de solidité d'un navire naviguant puisse lui permettre de dépasser une longueur de 12 à 15 fois sa largeur.

Dans le mouvement circulaire, les coefficients de résistance sont plus grands, eu égard à la forme particulière des *enveloppes fluides* qui se substituent à la pale mobile; les expériences de Thibault, qui sont en somme les seules complètes sur l'air, semblent indiquer comme préférables les chiffres de 90^k pour l'eau, et de 120 grammes pour l'air. Eh bien! le coefficient qui importe à considérer est précisément le rapport entre le coefficient du mouvement de *rotation* et le coefficient du mouvement de *translation*. Augmenter l'un et diminuer l'autre, tel doit être le but, comme nous le verrons.

J'ai dit que la résistance au mouvement des corps *flottants* était beaucoup plus complexe que pour les corps plongés. Ainsi, sera-t-on en droit d'espérer une diminution notable dans les chiffres expérimentaux de l'air, pour des ormes analogues à celles qui ont été *expérimentées* pour l'eau, puisqu'il y a une complication de moins. De plus, les *hélices* étant entièrement *plongées,* leur théorie doit être plus simple que la théorie des *roues à aubes,* et cependant l'on n'a jamais parlé d'*action occulte* pour ces dernières.

Je termine ces considérations par une dernière remarque : la forme $SV^2 (m + n)$ donne la résistance pour un corps plongé indépendamment du frottement. Si le corps est mince, les termes m et n seront influencés mutuellement; mais si le corps est un long parallellipipède, les facteurs m et n seront isolés. Si donc on place des *avant-becs* plus ou moins inclinés soit à l'avant, soit à l'arrière, on aura $SV^2 (m \cos^2\psi + n \cos^2\psi_1)$ pour effort produit après l'adjonction de ces *avant-becs.* On voit que, *pour une forme constante à l'arrière,* la loi d'incidence sur l'avant sera celle 'du $\cos^2\psi$ plus une *constante,* et *vice-versâ.* M. Bourgeois, en commentant les expériences de Beaufoy, arrive à ce résultat; et il le considère comme un nouvel écart entre la prévision théorique et la confrontation expérimentale. Pour une pale oblique animée d'un mouvement de rotation, les angles ψ et ψ_1 sont sensés être égaux; mais, je le répète, les formes hydrodynamiques qui naissent du mouvement donnent lieu à des variations en sens inverse des coefficients m et n.

§ VII. — Formules spéciales pour une surface mouvante quelconque.

Étant supposée la loi KSV^2 comme expression *mathématique* de la résistance, je vais en déduire les conséquences logiques pour une surface de forme quelconque; le § III donne les formules :

$$
\begin{cases}
1^o \;-\; d^2P_1 = Kd^2s. \,(\theta r - n\,tg\varphi)^2 \cos^3\alpha. \\[2mm]
2^o \;-\; d^2P_2 = Kd^2s. \,(\theta r - n\,tg\varphi)^2 \cos^3\alpha \; tg\varphi. \\[2mm]
3^o \;-\; d^2M_1 = d^2P_1. \, r. \qquad\qquad \dfrac{M_1}{P_1} = r_1 \\[4mm]
4^o \;-\; d^2M_2 = d^2P_2. \, r. \qquad\qquad \dfrac{M_2}{P_2} = r_2. \\[4mm]
5^o \;-\; T_1 = M_1\theta. = P_1.\theta.r_1 = P_2. \, \dfrac{2\pi r_1 N}{t} \\[4mm]
6^o \;-\; T_2 = P_2. \, n. \\[2mm]
7^o \;-\; h = \dfrac{2\pi.r}{tg\varphi}. \;\text{pas élémentaire.}
\end{cases}
$$

Ces formules sont écrites dans un système quelconque de coordonnées. Je vais mettre θr en facteur commun, et remplacer les valeurs géométriques des fonctions angulaires par leurs valeurs en coefficients différentiels dans le système de coordonnées mi-polaires et dans le système de coordonnées rectangles. Je me contenterai d'écrire les valeurs de d^2s, de d^2P_1 et de d^2P_2, les autres quantités n'ayant pas besoin d'être écrites à nouveau. Pour d^2s, on pourra prendre les coordonnées que l'on voudra pour coordonnées projectives, et le calcul de chaque surface particulière fait ressortir les coordonnées qui donnent lieu au calcul le plus simple.

On a, en coordonnées mi-polaires :

$$1^\circ \quad - d^2 P_1 = \frac{K . \theta^2 . dr\, dy . \left(1 - \dfrac{n}{\theta}\, \dfrac{d\omega}{dy}\right)^2 r^3}{1 + r^2 \left(\dfrac{d\omega}{dy}\right)^2 + r^2 \left(\dfrac{d\omega}{dr}\right)^2}.$$

$$2^\circ \quad - d^2 P_2 = \frac{K\, \theta^2 dr\, dy \left(1 - \dfrac{n}{\theta}\, \dfrac{d\omega}{dy}\right)^2 r^3 \dfrac{d\omega}{dy}}{1 + r^2 \left(\dfrac{d\omega}{dy}\right)^2 + r^2 \left(\dfrac{d\omega}{dr}\right)^2}.$$

On voit que $d^2 P_2$ s'exprime naturellement en $dr . d\omega$.

On a, en coordonnées rectangles :

$$1^\circ \quad - d^2 P_1 = \frac{K\, \theta^2 dx\, dy \left\{ 1 - \dfrac{n}{\theta}\, \dfrac{\dfrac{dF}{dy}}{z\dfrac{dF}{dx} - x\dfrac{dF}{dz}} \right\} \left(z\dfrac{dF}{dx} - x\dfrac{dF}{dz} \right)^2}{\dfrac{dF}{dr} \left(\left(\dfrac{dF}{dx}\right)^2 + \left(\dfrac{dF}{dy}\right)^2 + \left(\dfrac{dF}{dz}\right)^2 \right) \sqrt{x^2 + z^2}}$$

$$2^\circ \quad - d^2 P_2 = \frac{K\, \theta^2 dx\, dy \left\{ 1 - \dfrac{n}{\theta}\, \dfrac{\dfrac{dF}{dy}}{z\dfrac{dF}{dx} - x\dfrac{dF}{dz}} \right\} \left(z\dfrac{dF}{dx} - x\dfrac{dF}{dz} \right)^2 \dfrac{dF}{dy}}{\dfrac{dF}{dz} \left(\left(\dfrac{dz}{dx}\right)^2 + \left(\dfrac{dF}{dy}\right)^2 + \left(\dfrac{dF}{dz}\right)^2 \right)}.$$

On voit que $d^2 P_2$ s'exprime naturellement en $dz\, dx$, et qu'il ne contient pas de radical. La valeur de M_1 ne contiendra pas non plus de radical, et la valeur M_2 le contiendra.

Le calcul de P_2 et de M_1 sera beaucoup plus simple que celui de P_1 et de M_2.

Si l'on veut faire attention aux valeurs générales qui contiennent les lignes trigonométriques, on pourra déjà conclure quelques conséquences importantes :

1° — Les pressions sont proportionnelles à θ^2, ainsi que les moments de rupture ;

2° — Le travail de rotation est proportionnel à θ^3 ;

3° — Les pressions dépendent de la quatrième puissance des dimensions ;

4° — Les moments de rupture dépendent de la cinquième puissance des dimensions. Ces conséquences sont la déduction de la loi $K S V^2$. Une surface multipliée par un quarré de vitesse donne bien une quatrième puissance, en comptant pour *un* la largeur de la surface. Cette nature de conséquence est évidemment exacte d'après la discussion même du § VI.

Si l'on désigne par S_1 la surface maîtresse section du corps à mouvoir, et par K_1 son coefficient de résistance à la translation, l'équation $P_2 = K$ sera de la forme $K \left(A + \dfrac{n}{\theta} \cdot A_1 + \dfrac{n^2}{\theta^2} A_2 \right) = K_1 S_1 \left(\dfrac{n}{\theta} \right)^2$. Lorsque le corps à entraîner est mi-plongé ou flottant, le second membre ne serait pas exact quand bien même le premier serait mathématique. Dans le cas d'un ballon, ou corps entièrement plongé, la formule est meilleure. Cette équation du deuxième degré donne $\dfrac{n}{\theta}$. La puissance de la machine motrice, sauf le coefficient de rendement, est alors $\dfrac{K_1 S_1 n^3}{75.}$. On voit que $\dfrac{n}{\theta}$ est constant; cela ne doit pas être pour les navires, mais cela doit s'écarter peu de la vérité; je manque de documents pour vérifier l'inexactitude de cette constance dans la valeur de $\dfrac{n}{\theta}$.

Si l'on a une surface pour laquelle $\dfrac{tg\varphi}{r} = a$, alors le facteur $\left(1 - \dfrac{n}{\theta} a \right)^2$ n'entre pas dans les intégrations; et, comme il a été dit au § V, l'équation $P_2 = K$ prend la forme : $K A \left(1 - \dfrac{n}{\theta} a \right)^2 = K_1 S_1 \cdot \left(\dfrac{n}{\theta} \right)^2$. d'où $\dfrac{n}{\theta} = \dfrac{1}{a + \sqrt{\dfrac{K_1 S_1}{K A.}}}$.

Équation que j'utiliserai en insistant sur la valeur du rapport $\dfrac{K_1}{K}$, et sur le degré d'exactitude qu'elle peut procurer. C'est par ce rapport $\dfrac{K_1}{K}$, qui sera spécial à chaque appareil pour chaque navire, que la formule prend son caractère empirique.

$\dfrac{tg\varphi}{r} = a = \dfrac{d\omega}{dy} \cdot$ donne immédiatement, en système mi-polaire, une équation aux différences partielles qui correspond à $F(\omega - ay, r) = o$, F étant une fonction arbitraire de r. Si l'on écrivait l'équation en coordonnées rectangles, il faudrait intégrer l'équation aux différences partielles $\dfrac{1}{a} = \cdot z \dfrac{dy}{dx} - x \dfrac{dy}{dz}$ qui revient bien à $\dfrac{tg\varphi}{\sqrt{x^2 + z^2}} = \dfrac{\dfrac{dF}{dy}}{z \dfrac{dF}{dx.} - x \dfrac{dF}{dz}}$, et on retomberait sur la même fonction arbitraire, en remplaçant ω par arctg $\dfrac{z}{x}$, et r par $\sqrt{x^2 + z^2}$. On voit quelle simplicité de calculs fournit un choix judicieux de coordonnées.

On voit que pour toute cette famille de surfaces définies par l'équation quelconque $F(\omega - ay, r) = o$, on aura $h = \dfrac{2\pi}{a}$; le *pas* est constant. L'hélice générale oblique du premier degré, $\omega = ay + br + c$, est dans cette catégorie ainsi que l'hélice orthogonale $\omega = ay + c$. Aussi, c'est par cette équation que je commencerai les calculs.

Pour se rendre compte du phénomène, en bloc, on peut dire qu'une surface S_t ayant un coefficient de résistance K_t, produit un travail utile $K_t S_t n^2$, qui doit être équilibré par un autre travail $KS \theta r^2$, S étant la surface mouvante dont le coefficient de résistance est K; l'équation $K_t S \left(\dfrac{n}{\theta r}\right)^2 = f \cdot KS$.

exprime la liaison du travail utile au travail total avec le facteur f, comprenant à la fois l'influence du *rendement* et de coefficients spéciaux. Comme en plus on doit avoir la liaison égale des résistances $K_t S_t \left(\dfrac{n}{\theta r}\right)^2 = f_t KS$,

cela conduit à la liaison $\dfrac{n}{\theta r} = \dfrac{f}{f_t} \cdot$ Cette indication *grosso-modo* ne tient pas compte des forces perdues; notre analyse spéciale tient compte de ces forces perdues lorsque l'appareil est entièrement plongé.

Si l'on admet $\varphi = o$, alors P_t est toujours nul. Si, alors, on admet que l'axe se transporte dans une direction perpendiculaire, et que la rotation s'opère dans deux fluides, on aura le cas des roues à aubes, dont la théorie sera identique; mais dans ce cas, il intervient des forces de choc à l'entrée et à la sortie de chaque fluide, qui troublent la netteté des équations.

Si l'appareil moteur se trouve isolément soumis à un courant de vitesse u faisant un angle δ avec la direction de n, on aura $u \cos \delta$ qui s'ajoutera ou se retranchera de n suivant le sens du courant. La composante $u \sin \delta$ agira dans un plan perpendiculaire à l'arbre. Cette composante, pendant la moitié du mouvement, agira pour pousser l'aile, et pendant l'autre moitié du mouvement, elle luttera contre le mouvement de cette aile. S'il n'y avait qu'une aile, cela fatiguerait l'appareil sans rien changer dans le cours entier d'une rotation. Si l'appareil est composé d'ailes symétriques, le courant sera sans influence sur la rotation. Je n'ai pas à dire qu'un courant *général*, au sein duquel s'accomplirait le mouvement, est sans aucune espèce d'influence. On n'a même aucun moyen de constater l'existence de ce courant autrement que par l'écart constaté au point d'arrivée. C'est toujours l'application de la loi de Galilée, ou *indépendance des forces*.

Les équations générales étant données, on peut se demander quelle est la forme de surface la plus avantageuse à telle ou telle nature de pression ou de moment de rupture. Si je considère les équations en coordonnées mipolaires, je vois qu'elles sont indépendantes de ω; le *calcul des variations* donne la règle suivante pour obtenir l'équation aux différences partielles qui correspond au *maxima* : on différentie l'équation en P_t, je suppose, par rapport à $\dfrac{d\omega}{dr}$ et par rapport à $\dfrac{d\omega}{dy}$ considérées comme des variables indépendantes; puis on différentie de nouveau chaque résultat, le premier par rapport à r, le second par rapport à y, et la somme des deux résultats donne l'équation différentielle du problème. On obtient ainsi une équation aux différences partielles du second ordre, non linéaire, à coefficients variables. Si l'on savait intégrer cette équation, on trouverait une forme contenant une *fonction arbitraire* que l'on déterminerait d'après la nature des *limites* qui doivent terminer l'aile motrice ou fragment de surface mouvante. L'analyse mathématique répond par une solution générale à une question restreinte. Je me dispense de reproduire cette équation différentielle qui couvre plusieurs lignes d'écriture, attendu que je n'ai même pas essayé de l'intégrer, persuadé de l'inutilité de mes tentatives. Je donnerai quelques solutions restreintes de ce problème, sans y attacher d'ailleurs une grande importance, puisque l'on ne peut pas obtenir une loi vraiment mathématique de la résistance sur laquelle s'appuyerait une différentiation rigoureuse. On verra d'ailleurs que cette recherche des formes n'a pas une importance aussi considérable que l'on pourrait croire, et qu'en somme, le principal effet d'un appareil hélicoïdal provient de son *diamètre* et de sa *vitesse* de rotation. Pour les hélices de sustension aérienne, on verra même qu'il ne convient pas de choisir la forme de surface qui donne la plus grande valeur pour P_2, mais la forme qui donne la plus petite valeur au rapport $\dfrac{T_1}{P_2}$, pour pouvoir tirer le plus grand parti possible d'une machine donnée. En tout cas, la *forme maxima doit varier avec n,* ce qu'il importe de remarquer.

Pour clore ce paragraphe, je marque dans les deux systèmes de coordonnées la valeur de d^2s, qui est :

$$d^2s = drdy \sqrt{1 + r^2\left(\frac{d\omega}{dy}\right)^2 + r^2\left(\frac{d\omega}{dr}\right)^2} = \frac{dxdy \sqrt{\left(\frac{dF}{dx}\right)^2 + \left(\frac{dF}{dy}\right)^2 + \left(\frac{dF}{dz}\right)^2}}{\frac{dF}{dy}}.$$

Puis, je vais dire un mot sur le calcul de la force centrifuge.

Soit C la force centrifuge; on sait que $C = \dfrac{mv^2}{r}$, m désignant la *masse* du corps en mouvement, v sa vitesse, et r sa distance au centre de rotation . soit D la densité du corps, l sa largeur, e son épaisseur, on aura $d^3C = D . \theta^2 . \dfrac{dl . de . dr}{g} . r$. Si le corps est homogène et que l et e soient constants, on a immédiatement $C = \dfrac{D\theta^2}{g} . l . e . r . \dfrac{r}{2}$. le volume sera $l . e . r$, et le poids p sera $D . l . e . r$; d'où $C = \dfrac{p}{g} . \dfrac{\theta^2 r}{2}$., c'est à dire la masse multipliée par le carré de la vitesse de rotation angulaire et par la moitié de la longueur. Pour les roseaux de fer indiqués au § II, cette formule donne à peu près $C = 5\theta^2$ ou $20 \pi^2 . N^2$. Cela aura son importance pour les hélices aériennes. Pour les hélices maritimes, le calcul est plus complexe puisque la largeur et l'épaisseur de l'aile sont des fonctions de r; $dl = dy \sqrt{1 + r^2\left(\frac{d\omega}{dy}\right)^2}$.

quant à e, sa valeur arbitraire dépend du constructeur, qui l'augmente ou qui la diminue, suivant ce qu'il juge convenable pour résister au moment de rupture. En tout cas, cette épaisseur sera plus grande à la jonction de l'aile à l'arbre qu'à l'extrémité de cette aile.

La question de la stabilité est parfaitement connue et traitée pour le cas maritime, en tant que stabilité statique; on est moins avancé pour ce qui concerne la stabilité dynamique. Si jamais l'on doit s'élever dans les airs, les questions de stabilité seront à examiner avec soin dans des conditions essentiellement différentes de la stabilité nautique. Pour aujourd'hui, je laisse de côté ce problème, fort long d'ailleurs à traiter complètement.

§ VIII. — Surfaces héliçoïdales obliques du premier degré.

La plus simple des surfaces comprises dans l'équation générale $F(\omega-ay,r)=0$ pour lesquelles le *pas est constant*, correspond à la liaison linéaire $\omega = ay + br + c$. En étudiant le mouvement au moyen des coordonnées mi-polaires, on aura :

$$\frac{d\omega}{dy} = a. \qquad \frac{d\omega}{dr} = b. \qquad \frac{dy}{dr} = \frac{b}{a}.$$

$$tg\varphi = ar. \qquad tg\alpha = r\sqrt{a^2 + b^2} \qquad tg\beta = \frac{b}{a}. \qquad tg\gamma = b.r.$$

$$1^\circ - d^2P_1 = .\frac{K\theta^2\left(1 - \frac{n}{\theta}a\right)^2 . r^2. drdy}{1 + r^2(a^2 + b^2)} -$$

$$2^\circ - d^2P_2 = \frac{K\theta^2\left(1 - \frac{n}{\theta}a\right)^2 . a. r^3. drdy.}{1 + r^2(a^2 + b^2)}$$

Les intégrations s'effectueront en veillant avec soin à la nature des limites choisies pour terminer la pale. La commodité d'installation de l'appareil exige ordinairement que l'aile soit terminée suivant des plans perpendiculaires à l'axe de rotation. Dans ce cas, en intégrant d'abord par rapport à y, et laissant cette lettre y pour désigner la *hauteur* de la surface mouvante dans le sens de l'arbre, on aura, pour les quatre termes à calculer :

$$1^\circ - P_1 = K\theta^2. y\left(1 - \frac{n}{\theta}a\right)^2 \int \frac{r^2 dr}{1 + r^2(a^2 + b^2)}$$

$$2^\circ - P_2 = K\theta^2. y.\left(1 - \frac{n}{\theta}a\right)^2 . a\int \frac{r^3 dr}{1 + r^2(a^2 + b^2)}$$

$$3^\circ - M_1 = K\theta^2 y\left(1 - \frac{n}{\theta}a\right)^2 \int \frac{r^3 dr}{1 + r^2(a^2 + b^2)}..$$

$$4^\circ - M_2 = K\theta^2 y\left(1 - \frac{n}{\theta}a\right)^2 . a\int \frac{r^4 dr}{1 + r^2(a^2 + b^2)}.$$

J'admettrai que l'on prend les intégrales de o à r. Si l'on doit supprimer l'effet produit par un noyau évidé autour de l'arbre, ou bien si l'on veut tenir compte du rayon de l'arbre, on aura à soustraire du résultat la valeur obtenue pour $r = r_0$, rayon de départ. Il n'y a que trois intégrales à chercher; en posant, pour abréger l'écriture, $\sqrt{a^2 + b^2} = q$; voici ces trois intégrales :

$$\frac{qr - \text{arctg.}\, qr}{q^3}, \qquad \frac{q^2 r^2 - \log(1 + q^2 r^2)}{2\, q^4}, \qquad \frac{\dfrac{q^3 r^3}{3} - qr + \text{arctg.}\, qr}{q^5}.$$

Pour effectuer des calculs pratiques, ces valeurs sont assez commodes; il faut se rappeler que les *logarithmes* sont *népériens,* et que les *arcs* s'expriment en valeurs décimales. Sous cette forme, les lois du diamètre ne ressortent pas; mais si l'on veut faire attention que $q = \dfrac{tg\,\alpha}{r}$, et que $a = \dfrac{tg\,\varphi}{r}$, en donnant à α et à φ la valeur numérique acquise à ces angles pour la valeur extrême r de la distance à l'arbre, on obtient le groupe suivant où toutes les lois ressortent clairement :

$$1^o \; - \; P_1 = K\theta^2 \left(1 - \frac{n}{\theta}\, a \right)^2 . y . r^3 . \frac{tg\,\alpha - \alpha.}{tg^3\alpha}$$

$$2^o \; - \; P_2 = K\theta^2 \left(1 - \frac{n}{\theta}\, a \right)^2 . y . r^3 . \frac{(tg^2\alpha + 2\log\cos\alpha)\, tg\,\varphi.}{2.\, tg^4\alpha.}$$

$$3^o \; - \; M_1 = K\theta^2 \left(1 - \frac{n}{\theta}\, a \right)^2 y \, r^4 . \frac{tg^2\alpha + 2\log\cos\alpha}{2\, tg^4\alpha.}$$

$$4^o \; - \; M_2 = K\theta^2 \left(1 - \frac{n}{\theta}\, a \right)^2 y \, r^4 . \frac{\left(\dfrac{tg^3\alpha}{3} - tg\,\alpha + \alpha \right).\, tg\,\varphi.}{tg^5\alpha.}$$

Sous cette forme, on voit bien que les pressions varient suivant le cube du rayon, et les moments de rupture suivant la quatrième puissance. La dimension y . augmente le produit d'un degré. J'insiste sur ce que α et φ ne sont plus des variables, mais des valeurs numériques qui donnent lieu à des facteurs numériques.

On trouvera facilement t, r_1 et r_2 rapport des pressions et bras de levier de rupture. On voit que $\dfrac{M_1}{P_2} = \dfrac{r}{tg\,\varphi}$ · ou rayon extrême de la pale, divisé par ce qu'on peut appeler la tangente de *l'angle de sortie*. Toutes ces valeurs ne dépendent pas de n, non plus que du coefficient empirique K.

Il convient de remarquer que $t = ar_1$. d'où $\dfrac{r_1}{t} = \dfrac{r}{tg\,\varphi}$ · c'est à dire qu'il est plus simple de remplacer le rayon r_1 *de la circonférence d'action* par le rayon r extrême. On voit alors que $n = \rho\, \dfrac{\theta r}{tg\,\varphi}$ ($\S$ VI).

Si l'on a $b = o$, l'équation se réduit alors à $\omega = ay + c$, et représente une hélice orthogonale. Je vais consacrer un paragraphe spécial à son examen.

Si l'on a $a = o$, on voit que quelque soit b, $P_2 = o$ ainsi que M_2. Ce cas ne peut pas s'utiliser pour des surfaces entièrement plongées; la surface $\omega = bx + c$ représente un cylindre à base spirale dont l'axe est parallèle à l'axe des y. Dans deux fluides, cela donnera lieu aux roues à aubes, et le mouvement s'effectuera en transportant l'arbre perpendiculairement à la longueur.

Si l'on a à la fois $a = o$, $b = o$, P_1 et M_1 prennent leurs valeurs maximum, puisque le dénominateur de l'intégral est le plus petit possible. On aura :

$$ P_1 = K\theta^2.y.r.\frac{r^2}{3} \cdot \qquad\qquad M_1 = K\theta^2 y.r.\frac{r^3}{4} , $$

en faisant ressortir une surface mouvante multipliée par le quarré d'une vitesse, puis par le cube de cette vitesse.

Cette conclusion permet de vérifier la loi des y, ou *loi des surfaces*, et elle est inexacte dans la mesure de la variation du coefficient K. On voit que le bras de levier de rupture $r_1 = \frac{3}{4} \cdot r$. La surface se réduit à $\omega = c$; ce qui signifie bien un plan passant par l'axe de rotation; et, d'après la nature des limites, c'est un rectangle $y.r$ qui tourne autour de son côté y.

§ IX. — Théorie de l'hélice linéaire orthogonale.

Dans l'hypothèse de $b = o$, l'équation du premier degré se réduit à la forme $\omega = ay + c$; on peut admettre $c = o$, ce qui ne diminue pas la généralité de la forme. Dans ce cas, les sections par des plans d'axe sont des droites *perpendiculaires* à cet axe, tandis que dans le cas général les mêmes sections étaient des lignes droites *obliques;* les sections par des plans perpendiculaires sont encore des *lignes droites*, tandis que pour le cas général ces sections étaient des *spirales* ordinaires.

A *priori*, il semble que tout ce qui peut diminuer le dénominateur des quantités sous le signe *somme* tend à augmenter chaque terme isolé de la série, et conséquemment la somme de cette série; $b = o$ doit donner des conditions plus avantageuses à la puissance des efforts développés; *mais cela ne change rien aux conditions de la vitesse.*

Je vais traiter complétement ce cas important et pratique.

On a toujours : $tg\varphi = ar \qquad \varphi = \alpha \qquad \beta = 0, \gamma = 0.$

La famille de surfaces dans lesquelles $\varphi = \alpha$ est définie par l'équation différentielle $\frac{d\omega}{dr} = o$, ce qui correspond à l'équation arbitraire $F(\omega, y) = o$. On voit que φ ne peut être égal à α que dans le cas où l'équation est indépendante de r; les sections par des plans d'axe sont toujours des droites perpendiculaires à cet axe, ainsi que les sections par des plans perpendiculaires à l'arbre. Ce sont des surfaces hélicoïdales à directrice rectiligne orthogonale, et à génératrice en hélice d'un degré quelconque. $\omega = ay$ représente la plus simple de ces surfaces, c'est à dire l'*hélice linéaire* orthogonale.

Les équations deviennent :

$$1^\circ \quad - \quad P_1 = K\theta^2 \left(1 - \frac{n}{\theta} a \right)^2 . y . \frac{ar - \text{arctg } ar.}{a^3} .$$

$$2^\circ \quad - \quad P_2 = K\theta^2 \left(1 - \frac{n}{\theta} a \right)^2 . y . \frac{a^2 r^2 - \log(1 + a^2 r^2)}{2 . a^3} .$$

$$3^\circ \quad - \quad M_1 = K\theta^2 \left(1 - \frac{n}{\theta} a \right)^2 y . \frac{a^2 r^2 - \log(1 + a^2 r^2)}{2 a^4}$$

$$4^\circ \quad - \quad M_2 = K\theta^2 \left(1 - \frac{n}{\theta} a \right)^2 y . \frac{\dfrac{a^3 r^3}{3} - ar + \text{arctg } ar.}{a^4}$$

Je n'ai pas à insister de nouveau sur les conclusions générales qui ressortent de ces équations ; je vais les écrire en faisant ressortir la loi des diamètres, c'est à dire en substituant à la place de a, sa valeur $\frac{tg\varphi}{r}$, φ étant la valeur angulaire qui correspond au rayon extrême de l'aile héliçoïdale.

$$1^\circ \quad - \quad P_1 = K\theta^2 \left(1 - \frac{n}{\theta} a \right)^2 . y . r^3 \frac{tg\varphi - \varphi}{tg^3\varphi} .$$

$$2^\circ \quad - \quad P_2 = K\theta^2 \left(1 - \frac{n}{\theta} a \right)^2 y r^3 \frac{tg^2\varphi + 2 \log \cos \varphi}{2 \, tg^3\varphi} .$$

$$3^\circ \quad - \quad M_1 = K\theta^2 \left(1 - \frac{n}{\theta} a \right)^2 y r^4 \frac{tg^2\varphi + 2 \log \cos \varphi}{2 \, tg^4\varphi} .$$

$$4^\circ \quad - \quad M_2 = K\theta^2 \left(1 - \frac{n}{\theta} a \right)^2 y r^4 \frac{\dfrac{tg^3\varphi}{3} - tg\varphi + \varphi}{tg^4\varphi} .$$

On peut encore faire ressortir la loi des dimensions avec plus de netteté, en remarquant que $\frac{\omega}{y} = a = \frac{tg\varphi}{r}$. à une *hauteur y* ou *fraction de pas*, correspond un angle ω qui limite le secteur circulaire projection de l'aile mouvante sur un plan perpendiculaire à l'arbre. En écrivant $y = \frac{r\omega}{tg\varphi}$, on obtient les équations suivantes :

$$1^\circ \quad - \quad P_1 = K\theta^2 \left(1 - \frac{n}{\theta} a \right)^2 . \omega \, r^4 \times \frac{tg\varphi - \varphi.}{tg^4\varphi}$$

$$2^\circ \quad - \quad P_2 = K\theta^2 \left(1 - \frac{n}{\theta} a \right)^2 \omega \, r^4 \times \frac{tg^2\varphi + 2 \log \cos \varphi.}{2 \, tg^4\varphi} ,$$

$$3^\circ \quad - \quad M_1 = K\theta^2 \left(1 - \frac{n}{\theta} a \right)^2 \omega \, r^5 \times \frac{tg^2\varphi + 2 \log \cos \varphi.}{2 \, tg^5\varphi}$$

$$4^\circ \quad - \quad M_2 = K\theta^2 \left(1 - \frac{n}{\theta} a \right)^2 \omega \, r^5 \times \frac{\dfrac{tg^3\varphi}{3} - tg\varphi + \varphi}{tg^5\varphi} .$$

Sous cette forme qui ne manque pas d'élégance, on voit clairement le rôle des dimensions. Suivant le cas, on se servira pour les calculs du groupe que voici ou du précédent.

Je tiens à insister sur une remarque des plus importantes. Ayant fait communiquer des formules de ce genre, sous une forme à peu près analogue, il y a 6 ans, à un ingénieur très distingué de la marine, il me fut répondu sans autre espèce d'examen que ces formules ne pouvaient pas être exactes, puisque les efforts varient proportionnellement à ω, en prenant une suite indéfinie de spires, on devrait augmenter indéfiniment la vitesse, et la pratique a prouvé que cela n'est pas. Je le crois bien! Le lecteur, j'ose l'espérer, jugera comme moi que j'avais le droit de trouver cette réponse au moins légère. Comment! je démontre que la vitesse ne dépend que d'une *circonférence d'action;* que la pression n'intervient même pas directement; que le rapport des pressions $\frac{P'}{P'}$ qui sert de facteur au rayon de la circonférence d'action est indépendant de ω!! Que la pression P, avec son facteur ω n'intervient que sous une racine quarrée en dénominateur d'un certain coefficient ρ qui exprime le rapport entre le travail de rotation et le travail de translation, etc., etc. C'est reprocher à ces formules un tort qu'elles n'ont pas; on aurait beau prendre une hélice de 100 lieues de *hauteur* sur l'axe de rotation que, même en trouvant une machine capable de la faire tourner, on ne changerait que peu de chose *aux conditions de la translation;* c'est par le rapport ρ, dans lequel intervient d'une façon complexe le quotient de la maîtresse section du navire par un terme qui dépend de P' et de ω, que cette quantité $\frac{\omega r^2}{2}$ surface projection de l'aile sur un plan perpendiculaire à l'arbre, ou ry projection de l'aile sur un plan d'axe, intervient dans le calcul de la vitesse. Cette réponse, sans examen, prouve seulement la peine qu'on a à se faire écouter en ce bas monde, même par les hommes de mérite.

Il y a plus : on place deux ailes symétriques hélicoïdales des deux côtés de l'arbre pour que les couples de rotation dus aux poussées aient des composantes passant par l'axe, en détruisant ainsi les couples égaux et opposés de renversement qui tendent à se produire ; ces deux ailes donnent un effort double de celui d'une seule aile, et je dirai pourquoi et comment. Mais placer plusieurs ailes en face l'une de l'autre de façon qu'elles se masquent, ne revient pas du tout à multiplier les efforts par le nombre des ailes, ou à augmenter la vitesse dans un rapport simple et élevé. Il n'est pas exact de dire que, dans tous les cas, augmenter le nombre des ailes revient à augmenter la surface mouvante; dans les roues à aubes, on place des pales successives pour diviser les chocs; dans l'hélice plongée, il n'y a pas de chocs; pour les hélices de grandes vitesses, deux ailes suffisent; la grandeur de y n'intervient que dans l'utilisation ρ, ou transformation du travail de rotation en travail de poussée. Lorsque l'ingénieur Mangin, par exemple, a placé 4 ailes symétriques 2 *a* 2, à la suite l'une de l'autre, il a formé une hélice qui revient à peu près à prendre une autre hélice n'ayant que deux ailes, mais ayant une hauteur y double, ou égale à la somme des hauteurs des ailes séparées; il se peut même, pour des raisons tirées de la variation de K, qu'il y ait avantage à fractionner l'aile, c'est à dire à placer plusieurs fragments de hauteurs y_1, y_2, y_3, dont la somme $y = y_1 + y_2 + y_3\ldots..$ donne la hauteur totale de l'aile fractionnée, en plaçant ces ailes *à la file* de façon à ce que celle qui frappe la première soit la plus rapprochée du spectateur; il est possible que les *jours* qui séparent les fractions d'ailes *successives* et non point en face les unes des autres donnent une légère augmentation dans le rendement de l'appareil; en tout cas, ce sera très peu de chose. Nous analyserons l'action de plusieurs ailes placées en *face* les unes des autres, de façon à se masquer dans la rotation, et nous indiquerons la limite au-dessous de laquelle on diminuerait la résistance au lieu de l'accroitre. C'est tout à fait le cas de voiles très rapprochées, ou de plans qui se succèdent en files parallèles; l'effort ne se multiplie par le nombre des plans qu'autant que leur écartement soit assez considérable pour que la *proue-fluide* de l'un ne puisse pas atteindre la *poupe-fluide* de celui qui le précède.

C'est ainsi que le *Phlégéton,* dans la Baltique, ayant cassé une aile de son hélice, marchait à peu près aussi vite; le couple de renversement était trop faible pour produire un effet dangereux; son principal inconvénient était pour le presse étoupe; la machine ne transmettait plus autant de puissance au-dehors; le rapport ρ avait diminué dans un rapport complexe, et nous verrons comment; la marche pouvait avoir baissé de 1 ou 2 nœuds au plus; la circonférence d'action n'avait pas changé. Mais si, à ce moment, le *Phlégéton* avait dû prendre un navire en remorque, il se serait alors aperçu d'une sérieuse différence.

Des y grands, ces y étant d'un seul morceau, ou étant fractionnés en parties plus étroites, ce qui revient à peu près au même, voilà ce qu'il faut aux remorqueurs et aux hélices aériennes de sustension; pour les navires de vitesse, cette considération *n'est pas sans influence,* ce serait trop dire que d'avancer cela, mais cette considération est *secondaire.*

Quant à l'hélice Vergne, avec ses nervures cylindriques qui peuvent avoir un effet léger sur des forces troublantes fort accessoires, elle est insignifiante comme facture, puisque le rapport $-\dfrac{\rho}{tg\varphi}-$ qui donne le multiplicateur du rayon r, pour produire *la circonférence d'action,* est conservé comme dans les anciennes formes. Je puis en dire autant en principe pour les recherches variées de formes compliquées ou bizarres mêmes que les expérimentateurs ont essayées dans l'ignorance où ils étaient des véritables principes des moteurs mécaniques. Avant tout, il s'agit de chercher à utiliser des *diamètres très grands,* ce qui impose des conditions nouvelles d'architecture navale pour les *navires dits de vitesse;* ces navires ne pourront presque pas servir commercialement ou militairement : ce seront des *bateaux-postes;* ils ne pourront naviguer que dans des eaux profondes : ils seront obligés de démonter leur appareil avant d'entrer dans les ports. Pour moi, je propose des types où les hélices ont jusqu'à 14 mètres de diamètre, et ces hélices ne pèsent pas 4 tonnes; elles sont sur l'*avant,* ce qui donne des avantages énormes, mais ce qui produit aussi des inconvénients.

Je ne vois pas que le rôle prépondérant d'une *circonférence d'action* dans les appareils en hélice ait jamais été signalé ou même entrevu; ce qui explique les fautes commises et l'insuccès de tentatives chimériques. *Ce rôle est indépendant de la loi de résistance dans les fluides.*

J'attache une telle importance à cette part de mes recherches, que j'ai cru devoir anticiper sur ces divers points, et j'y reviendrai, sans craindre les redites, comme sur un point nouveau.

J'ai construit une table pour les formules en yr; les calculs ne sont pas longs pour un cas isolé; je me contente de reproduire les colonnes P_2 et M_1, ne pouvant pas tirer de conclusions spéciales pour les valeurs de r_1 et de r_2; quand à $t = \dfrac{P_2}{P_1}$ on peut se dispenser de le calculer quand on connait M_1. Je mettrais P_2 et M_1 sous la forme

$$K\theta^2\left(1 - \frac{n}{\theta}a\right)^2 .y.r.\text{A.} \quad \text{et} \quad K\theta^2\left(1 - \frac{n}{\theta}a\right)^2 yr.\text{B,}$$

en supprimant dans le tableau les facteurs $K\theta^2\left(1 - \frac{n}{\theta}a\right)^2$; quant à l'autre colonne, son rôle sera expliqué plus tard. Je ne marque pas de décimales de fantaisie, les calculs ont été faits avec trois chiffres seulement, et deux suffisent; j'ai forcé à l'unité.

Colonne φ.	Colonne A pour P_2.	Colonne B pour M_1	Colonne C.
15°	$yr^3.0,073$	$yr^4.0,27$	»
20°	$yr^3.0,092$	$yr^4.0,25$	»
25°	$yr^3.0,099$	$yr^4.0,21$	0,02
30°	$yr^3.0,119$	$yr^4.0,20$	0,04
35°	$yr^3.0,134$	$yr^4.0,19$	0,06
40°	$yr^3.0,145$	$yr^4.0,17$	0,10
45°	$yr^3.0,153$	$yr^4.0,15$	0,15
50°	$yr^3.0,150$	$yr^4.0,13$	0,22
55°	$yr^3.0,159$	$yr^4.0,11$	0,33
60°	$yr^3.0,155$	$yr^4.0,09$	0,46
65°	$yr^3.0,146$	$yr^4.0,07$	0,69
70°	$yr^3.0,130$	$yr^4.0,05$	0,98
75°	$yr^3.0,108$	$yr^4.0,03$	1,53

Jusqu'ici, le côté erronné de la loi KSV^2 n'a eu que peu d'influence sur la nature des affirmations; c'est maintenant que son inexactitude va se montrer. Ainsi, le *maximum* de P_2 est vers 55°; il est possible que ce maximum soit à 5° ou 10° de distance. On est bien certain que la marche générale du phénomène est indiquée par la *courbe* qui représente ces *ordonnées* quand φ est en *abcisse*; mais on n'a aucune sécurité pour la *grandeur absolue* du chiffre qui précise cette ordonnée. Toutefois, ces différences ne peuvent pas être de nature à vicier les conséquences générales; pour un calcul spécial relatif à une aile héliçoïdale devant soulever un poids, dans la pratique de la locomotion aérienne exclusivement mécanique, les chiffres indiqués pourront être trop faibles, et l'on n'a qu'une approximation qui suffit pour éclairer sur la nature des choses; c'est là l'important : l'expérience viendra ensuite corriger des coefficients numériques. J'ose dire que l'expérience confirmera le *sens général* de ces chiffres; je n'ai pas cherché, loin de là, à atténuer le côté vicieux de la loi KSV^2, et c'est en tenant compte de ce côté vicieux que je me fie aux *tendances générales* de ce tableau numérique, sans accorder une valeur exacte à chaque *nombre isolé,* ce qui est bien différent. Je vais analyser maintenant les deux cas de $n = o$ et de n quelconque.

Je suppose qu'avec une hélice construite comme je l'ai dit dans le § II, on veuille élever un poids, ou simplement soutenir ce poids; alors $n = o$; la formule du *maximum,* pour 55°, donne :

$$P_2 = K\theta.y.r.o,16. \qquad\qquad T_1 = K\theta.y.r.o,11.$$

Admettons 120 grammes pour la valeur de K dans l'air et $\theta = 1$, ce qui correspond à peu près à 10 tours par minute ou $N = \dfrac{1}{6}$; en forçant un peu les chiffres pour P_2 et les diminuant pour T_1, on aura en kilogrammes et en kilogrammètres :

$$P' = 0,^k02.yr^3. \qquad\qquad T_1 = 0,013.y.r^{km.}$$

T_1 ne représente pas tout à fait le travail nécessaire à la machine, eu égard aux forces absorbées par les engrenages et les frottements.

Ainsi, une aile motrice de 1 mètre de hauteur, et de 10 mètres de rayon, produira un effort de soulèvement égal à 20 kilogrammes, tandis que la machine devra produire 130 kilogrammètres ou presque l'équivalent de 2 chevaux vapeur. L'aile symmétrique donne lieu à doubler les deux nombres; en admettant 4 ailes, l'hélice pourrait soulever 80 kilogrammes avec une force motrice de 520 kilogrammètres. Ces chiffres, je le répète, ne sont certainement pas rigoureusement ceux que donneraient la pratique expérimentale; il est possible que l'on soulève ainsi 90 kil. par exemple; mais le rapport entre T_1 et P_2 sera très près de celui que je fixe.

En conservant le même appareil, augmentons la vitesse; pour $N = 20$ tours par minute, $\theta = 2$.; alors P_2 serait 132 kil. et T_1 serait 1160 kilogrammètres. Tandis que P_2 est *multiplié par 4* ou θ^2, T_1 est *multiplié par 8* ou θ^3. Pour soulever 320 kil., il faut donc une force motrice de 55 à 56 chevaux vapeur. Si $N = 1, \theta = 6$, on aura $P_2 = 2880$ kil., pour une machine de 1500 chevaux environ. Ainsi, en dehors de la condition des moments de rupture, on voit que pour soulever de grands poids il faut des forces considérables qui exigent *actuellement des poids de machine plus lourds que le poids développé par la réaction de l'air contre le mouvement de cette machine.* Personnellement, je crois à l'avenir de cette question; mais, pour le présent, il faut que le génie inventif de l'homme s'exerce à obtenir de grandes forces sous de petits poids; tenter la pratique de la locomotion mécanique dans l'air avant de très grands progrès préalables, c'est marcher à un insuccès trop certain. Non seulement cette affirmation ne me décourage point, mais je suis convaincu du succès avant la fin de ce siècle. Les machines sont encore dans un état d'enfance; elles datent d'hier; on n'utilise presque pas les forces puissantes que l'homme doit maîtriser et régler; on ne soupçonne pas la millième partie de ce que nos arrière-neveux sauront faire. L'humanité s'éveille à la science positive depuis un siècle à peine, et les trois quarts de ceux qui ont des idées sont écrasés par le vice et l'insuffisance de notre organisation scientifique et industrielle. Chose profondément regrettable! Grâce à notre éducation gréco-romaine, la grande majorité des privilégiés de l'instruction se compose de lettrés ignorants et insoucieux de toute vérité réelle; puis la masse presque entière, c'est à dire 95 sur 100, sont dépourvus de toute espèce de développement intellectuel, sans que l'on cherche même à tirer parti de cette somme énorme d'intelligence qui reste enfouie sous des superstitions d'un autre âge. Le mécanisme humain ne rend pas 2 pour 100, au lieu de 70 pour 100 qu'il devrait rendre.

Les exemples numériques que j'ai choisis pour préciser les idées ne se rapportent pas à une construction favorable de l'aile motrice. Il ne s'agit pas de chercher l'appareil héliçoïdal qui produit le plus grand effort possible pour P_2, mais celui pour lequel $\dfrac{T_1}{P_2} = \dfrac{\theta r}{tg\varphi}$ est le plus petit possible. Ainsi, pour $\varphi = 70°$, on a $\dfrac{T_1}{P_2} = 0,36 . \theta r$, ce qui améliore considérablement les données du problème, sans les rendre encore acceptables pour les machines actuelles. Pour l'hélice oblique, $\omega = ay + br + c$, on a $\dfrac{T_1}{P_2} = \dfrac{\theta r}{tg\varphi}$ comme pour l'hélice orthogonale $\omega = ay$. De plus, P_2 est plus petit pour l'hélice oblique; donc $\omega = ay$ est une forme préférable pour la sustension. En nombres ronds et grossiers, et en laissant les réflexions aux soins du lecteur, voici un tableau qui donne les forces de sustension en kil. et les forces motrices en chevaux pour une hélice de 10^m de rayon, et de 1^m de hauteur dans l'air. Dans ce cas, pour cette forme d'hélice, on ne pourra prendre que deux ailes motrices pour ne pas les masquer les unes par les autres.

On aura : $P^2 = 0,156\, \theta^2 yr^3$. $T_1 = 0,056\, \theta^2 yr^4$ pour chaque aile.

$\theta = 1$.... $P_2 = 31^k2$...... $T_1 = 112$ kilogrammètres.

$\theta = 2$.... $P_2 = 125^k$...... $T_1 = 13$ à 14 chevaux.

$\theta = 3$.... $P_2 = 280^k$...... $T_1 = 40$ chevaux.

$\theta = 6$.... $P_2 = 1120^k$..... $T_1 = 320$ chevaux.

Ainsi, un appareil formé par la réunion de 6 roues motrices, faisant 1 tour par seconde, soulèvera 6700 kil. avec une machine de 1900 chevaux!!

S'il s'agit d'un navire exerçant une traction sur un dynamomètre, les mêmes calculs doivent s'utiliser, en substituant le coefficient de résistance pour l'eau au coefficient de résistance pour l'air, ou en multipliant par 770. Les expériences positives que l'on possède *pour l'eau*, et à propos desquelles je regrette de n'avoir aucun document, peuvent servir, par une simple division, à vérifier quel est l'écart, *pour l'air*, entre les prévisions de ces calculs et la confrontation expérimentale. Seulement, pour un bâtiment amarré, les chiffres accusés pourront être trop forts, attendu que les poupes et proues fluides qui font varier le coefficient K de l'appareil moteur n'ont pas la même forme quand on remue sur place, que quand l'appareil agit dans une eau sans cesse renouvelée. En marche, le coefficient K doit être beaucoup plus élevé qu'en pagayant sur place. Sans cette circonstance, les expériences de traction sur point fixe feraient connaître la valeur de K, coefficient spécial de l'appareil. Le rapport $\dfrac{T_1}{P_2}$ doit subir sans grande erreur le contrôle de l'expérience.

J'ai admis que l'aile motrice était formée par un rayon r allant depuis b. jusqu'à r. — . en appelant A_o et B_o les valeurs particulières que prennent A et B quand $tg\varphi$ prend la valeur $tg\varphi_0$., en se rappelant que $\dfrac{r_0}{r} = \dfrac{tg\varphi_0}{tg\varphi}$,

Pour le même appareil, on aura :

$$P^2 = \cdot K \cdot \theta^2 y . r^3 . A - K\theta^2 y r_0^3 Ao \quad \text{et } T_1 = K\theta^3 y . r^4 B - K\theta^3 y r_0^4 . Bo, \text{ ou}$$

$$P_2 = K\theta^2 y r^3 A . \left(1 - \left(\frac{r_0}{r} \right)^3 . \frac{Ao}{A} \right) \text{ et } T_1 = K\theta^3 y r^4 B \left(1 - \left(\frac{r_0}{r} \right)^4 . \frac{Bo}{B} \right) .$$

On voit que la diminution dans la pression et dans le travail sont négligeables pour de grandes ailes quand r_0 est petit. En d'autres termes, c'est un facteur de diminution très peu différent de 1, qui multiplie les anciennes valeurs de A et de B, et il est très facile d'en tenir compte; en omettant ce facteur, je force donc un peu les valeurs de A et de B.

Arrivons maintenant au cas où l'on veut produire une vitesse de translation, c'est à dire au cas de n quelconque.

S_1 étant la maîtresse section du corps plongé à transporter, navire ou ballon, et K_1 son coefficient spécial de résistance dû à la nature de ses formes, on sera conduit à considérer le rapport $\dfrac{K_1 S_1}{K} = q$, *caractère spécifique du corps à mouvoir*. En principe, ce *caractère est indépendant de la densité du fluide*, c'est à dire qu'un ballon ayant identiquement les mêmes formes plongées qu'un navire doit avoir le même q. Toutefois, les frottements dans l'air étant presque nuls ou insensibles, et la finesse des formes étant plus facile à obtenir dans ce dernier cas, on peut espérer à égalité de maîtresse section une bonification très importante pour le cas de l'air; q y sera beaucoup plus petit que dans l'eau. Nous allons étudier plus loin le rôle de ce terme spécifique q. Je le répète encore avec insistance, c'est par le rapport $\dfrac{K_1}{K}$ que l'on tiendra compte dans la pratique de l'inexactitude de la loi KSV^2.

On a $P_2 n = \rho . T_1$ qui exprime la transformation du travail de rotation en travail de translation. Par suite :

$$K\theta^2 \left(1 - \frac{n}{\theta r} tg\varphi \right)^2 . y . r^3 . A . n = \rho . K\theta^3 . \left(1 - \frac{n}{\theta} a \right)^2 y r^4 . B.$$

En enlevant les facteurs communs, il vient $n = \rho . \dfrac{B}{A} . \theta . r$, conclusion indépendante du milieu fluide, et vraie même pour toute espèce de loi de résistance. On sait que pour les hélices . $\dfrac{B}{A} = \dfrac{1}{tg\varphi} . \dfrac{}{} \cdot$ d'où $\dfrac{n}{\theta r} = \dfrac{\rho}{tg\varphi}$. Pour avoir la valeur de ρ, il suffira de multiplier la valeur de $\dfrac{n}{\theta r}$ par $tg\varphi$.

On a en plus l'équation des résistances $P_2 = K .$ qui donne :

$$K_1 S_1 n^2 = K\theta^2 \left(1 - \frac{n}{\theta z} tg\varphi \right)^2 y r^3 . A.$$

On tire de là :

$$\frac{n}{\theta r} \times \sqrt{\frac{q}{ry . A}} = 1 - \frac{n}{\theta r} tg\varphi, \quad \text{ou} \quad \frac{n}{\theta r} = \frac{1}{tg\varphi + \sqrt{\dfrac{q}{ry A}}} .$$

On pourrait se contenter de ce résultat qui satisfait à toutes les questions à résoudre, mais il vaut mieux chercher la valeur de ρ. On a vu que

$$A = \frac{tg^3\varphi + 2 \log \cos \varphi}{2\, tg^3\varphi}.$$ Si l'on pose $C = A \times tg^2\varphi.$, on aura $C = \frac{tg^2\varphi + 2 \log \cos\varphi}{2\, tg\varphi}.$

et c'est précisément la colonne dont j'ai donné les valeurs dans le tableau de A et B (page 32). En substituant, il vient : $\dfrac{n}{0r} = \dfrac{1}{tg\varphi} \cdot \dfrac{1}{1 + \sqrt{\dfrac{q}{ryC}}}.$ ou :

$$\frac{n}{0r} = \frac{1}{tg\varphi} \cdot \rho \cdot \quad \text{D'où} : \rho = \frac{1}{1 + \sqrt{\dfrac{q}{ryC}}},$$ valeur remarquable à tous égards

et *valeur pratique.*

On voit que ρ est toujours < 1. Tout ce qui pourra accroître ce facteur ρ sans diminuer $tg\varphi$, tendra à accroître la valeur de la vitesse. Pour $\rho = o$, $n = o$. Si l'on considère le radical *comme une variable en abcisse*, et ρ *comme une ordonnée*, on construit une branche d'hyperbole dont l'axe des abscisses est l'asymptote, etc., etc.

Avec cette formule, je me charge de rendre compte, *dans des limites très approchées*, de toutes les particularités offertes par le mouvement des appareils hélicoïdaux adaptés aux navires, pourvu que ces appareils soient de *véritables hélices* et non point des ailes motrices courbées et contournées suivant des formes capricieuses sur lesquelles la géométrie et l'analyse ne peuvent avoir de prises.

J'avais d'abord mis le radical $\sqrt{\dfrac{q}{ryC}}$ sous la forme $\sqrt{\dfrac{S_1}{ry}} \sqrt{\dfrac{K_1}{KC}}..$; il y avait là un avantage qui consistait à isoler le rapport des deux surfaces, l'une à mouvoir, l'autre mouvante, des coefficients numériques que l'expérience doit contrôler ; mais on ne peut pas isoler K_1 de S_1, parce que la forme entière du navire ou corps à mouvoir intervient dans le produit $K_1\,S_1$. On ne peut même pas, à mon sens, isoler de K_1 et de S_1 le coefficient K, dont la valeur est influencée par le corps à mouvoir.

Je vais examiner les différentes circonstances qui font varier le radical et conséquemment ρ.

La colonne C (page 32) montre que ce nombre C n'a pas de maximum et va sans cesse en croissant de 0 à 90. Sans la présence du facteur $tg\varphi$ dans la formule $n = \rho \cdot \dfrac{0r}{tg\varphi}$, il faudrait prendre de très grandes valeurs de φ; le calcul des maxima est indéchiffrable en le traitant par la différentiation. J'ai construit l'hyperbole qui donne ρ ; puis j'ai construit la courbe qui donne n en ordonnée pour φ en abcisse dans l'hypothèse du radical égal à 1. En faisant cadrer les éléments des courbes suivant la valeur du radical, on se rend bien compte des lois de variation.

J'examine d'abord l'*influence du nombre des ailes*. On voit que l'aile symétrique doit doubler le dénominateur sous le radical. Théoriquement, cela reviendrait à doubler la valeur de y pour une seule aile, ou à substituer le *diamètre* $2r$ au *rayon* r. Pour rechercher dans quels cas deux surfaces mouvantes successives donnent un effort double de l'effort isolé de chacune, il faudrait instituer des expériences précises, qui détermineraient l'écart qui doit avoir lieu entre les surfaces, pour que la *poupe fluide de l'une* n'atteignit pas la *proue* fluide de l'autre, condition nécessaire et suffisante. Cet écart doit varier principalement avec la forme des surfaces et avec la vitesse. Des calculs hypothétiques et qui auraient besoin d'être contrôlés me conduisent à croire qu'un écart égal à 5 fois la largeur est suffisant pour qu'une surface plane rectangulaire ne *masque pas* la surface qui lui succède. Je n'accorde à ce chiffre aucune confiance, et je l'indique pour fixer les idées. Ainsi, les pales des roues à aubes sont loin de donner chacune un effort égal, c'est à dire que l'effet théorique d'une pale ne doit pas être multiplié par le nombre des pales pour donner l'effet total. Je proposerai plus loin une forme de roues à aubes qui satisferait à cette multiplication, en augmentant notablement le rendement. Ici, lorsque φ ne dépasse pas 50°, que l'aile hélicoïdale a un rayon assez grand, que la vitesse ϑ de rotation n'est pas très grande, on peut admettre que 4 ailes ne se masquent pas dans les parties réellement actives, et que leur influence revient théoriquement au même que la multiplication par 4 de la *hauteur y*. Pour les parties rapprochées de l'arbre, cela n'a point lieu, mais c'est surtout au détriment du travail de rotation qui ne se trouve point tout à fait multiplié par 4, ce qui est excellent. Pour des roues écrasées à angle de 70°, comme celles dont j'ai parlé pour hélices de sustension, il ne paraît pas que l'on puisse mettre plus de deux ailes; et, plus loin, pour certaines formes avantageuses à la poussée, formes définies par une équation spéciale qui ne donne plus une *hélice proprement dite,* on verra que les deux ailes symétriques se rejoignent presque; on ne pourrait donc pas en mettre quatre. En tenant compte des restrictions indiquées, en désignant par L le nombre des ailes, on peut multiplier le radical par $\frac{1}{\sqrt{L}}$, ou bien simplement mettre L en multiplicateur de y. On voit que l'influence de ce nombre sur la marche ρ est complexe; il est inutile de l'énoncer en français, langage moins clair et moins concis que celui de l'algèbre.

Cela nous ramène au rôle de la hauteur y, qui, en doublant, produit réellement et sans restrictions la duplication du dénominateur sous le radical, sauf l'action spéciale qui peut en résulter sur le coefficient K. Pour avoir quatre ailes, et pouvoir les hisser dans un puits, j'ai déjà dit que l'ingénieur Mangin a placé ces ailes successivement; on voit l'effet que cela occasionne sur ρ. Le coefficient K, spécial à l'aile, est-il plus grand quand l'aile est coupée en deux en fractionnant la hauteur y en deux parts : $y = \frac{y}{2} + \frac{y}{2}$,? Ou bien, l'action des proues fluides et poupes fluides, qu'il faut, dans ce cas, contrecarrer le plus possible pour accroître K, est-elle moins intense quand y est ainsi partagé, que quand y est d'un seul tenant? En tout cas, cela est extrêmement secondaire, et se rapporte à la discussion sur le coefficient K plutôt qu'à la discussion sur l'aile. En principe, en dehors de cette considération expérimentale particulière à l'accroissement de résistance que peut éprouver l'aile, l'hélice Mangin doit avoir un effet presque identique à l'effet de deux ailes *d'une seule pièce,* dont la *hauteur* est égale à la *somme des hauteurs* des quatre ailes séparées; elle permet d'avoir une largeur moins grande dans le haut de l'aile, ce qui la rend précieuse pour les puits; mais son influence sur la possibilité de vitesse n est très secondaire, puisque cette vitesse n dépend principalement de ϑ et de r.

Quant à l'influence sur la machine, j'y viendrai tout à l'heure.

J'examine maintenant *l'influence du coefficient* q. Son numérateur $K_1 S_1$ doit être aussi petit que possible, pour favoriser le facteur ρ. Dans les limites du tonnage, marqué en partie par S_1, on cherche à rendre K_1 aussi petit que possible, en donnant de grandes longueurs au navire ; le dénominateur K, coefficient de résistance de l'aile motrice, doit être accru autant que possible ; en incurvant légèrement les ailes, on peut arriver à accroître un peu sa valeur. Je me contente, sans vouloir ici discuter une question très longue, à remarquer que, pour les navires actuels, le rapport $\dfrac{K_1}{K}$ doit être aux environs de $\dfrac{1}{20}$; il ne m'étonnnerait pas qu'il fût de $\dfrac{1}{25}$ ou même de $\dfrac{1}{30}$ pour certains navires. On voit quel genre de variation cela peut donner au facteur ρ. Quand la vitesse augmente, K doit augmenter, à mon sens, sans que je puisse l'affirmer ; mais ce que j'ose affirmer, c'est que *l'hélice placée à l'avant* sur un navire fin abaisserait le rapport $\dfrac{K_1}{K}$ au-dessous de $^1/_{40}$; je n'ose pas dire au-dessous de $\dfrac{1}{60}$ ou de $\dfrac{1}{80}$, quoique je sois convaincu qu'il est possible de réaliser des types pratiques pour lesquels cela ait lieu.

Lorsque le radical est divisé par 2, pour une quantité quadruple sous le signe racine, en admettant une valeur antérieure de 1 pour le radical, ce qui donnerait $\rho = 0{,}50$, on aurait, en second lieu, $\rho = \dfrac{1}{1 + \dfrac{1}{2}} = 0{,}66$; ce qui est une augmentation très notable, mais d'un genre tout autre que celui auquel on aurait pu s'attendre. Je donne cet exemple pour montrer la nature des variations de ρ pour de très grandes variations sous le radical.

Le fait des remorques, *sauf toujours l'influence sur la machine*, est d'un genre analogue. On voit qu'un bâtiment prenant des remorques est dans le même cas que si le coefficient q ou S_1 était multiplié par le nombre des navires à remorquer, en admettant pour eux le même coefficient K_1 ; cela revient à considérer l'ancien navire avec une nouvelle surface S_1 égale à la somme des surfaces des navires à la file. Ici encore doit intervenir une remarque expérimentale ; il ne peut pas être rigoureusement exact de dire ce qui précède, parce que le K_1 du remorqueur est influencé par le K de son hélice d'une façon complexe ; mais on voit quel est le genre de nature du phénomène.

On voit que l'obtention directe de la vitesse n mesurée sur une base, puisque l'on connaît $0, r$ et $tg\varphi$, permettra de calculer *directement et expérimentalement* la valeur du rapport $\dfrac{K_1}{K}$, rapport dont les *deux termes ne sont pas susceptibles d'être isolés* expérimentalement, puisque le K *en marche* ne doit pas être le même que le K *en repos* ou sur traction, et doit même varier notablement avec la vitesse n, non moins qu'avec ϑ. Ce rapport particulier est la seule source d'incertitude de la théorie précise et complète que je viens de formuler. L'équation directe : $\dfrac{K_1}{K} \cdot \dfrac{S_1}{ry} \cdot \left(\dfrac{n}{6r} \right)^2 = A \left(1 - \dfrac{n}{6r} \, tg\varphi \right)^2$ donnera le calcul théorique de ce rapport, qui, je le répète, est indépendant du fluide.

J'ai fait observer cependant que $\dfrac{K_1}{K}$ pourra être plus petit et plus avantageux dans l'air que dans l'eau. J'omets un nombre considérable de réflexions spéciales, que tout lecteur intelligent pourra faire lui-même d'après ces bases, et j'arrive à la machine.

J'appellerai F, non point le travail de la machine mesuré sur les pistons, mais l'effort réel transmis au dehors à l'arbre, indépendamment de la perte de forces dues aux engrenages, aux flexions des diverses pièces, aux frottements contre le presse-étoupe et les butées ; cette source de déperdition est étrangère au sujet. Les butées à collet ont été heureusement substituées aux butées à rondelles, et il sera préférable, comme je le proposerai, d'employer des *butées dites à roulement*. Cet effort F en chevaux-vapeur doit être multiplié par 75. Il est regrettable, pour la facilité des calculs, que l'on n'emploie pas le *cheval-vapeur métrique* de 100 kilogrammètres, sans forger un nouveau mot, comme on dit *quintal métrique*. En se rappelant que L représente le nombre des ailes, et en admettant la multiplication de l'effort avec les restrictions indiquées : L étant 2 au moins, ou 4, ou au plus 6, on a :

$$F = T_1 = K. \, yr.L.\theta^3 r^3.B \, (1 - \rho)^2. \quad \text{et} \quad K_1 S_1 n^3 = \rho. F.$$

Dans l'analyse précédente, on était censé substituer une machine convenable à chaque cas, pour n'avoir que l'influence de la variation de ρ sur la valeur de n. Lorsque F est une machine donnée qui ne peut pas croître, cela impose des limitations d'un certain genre pour n et θ, suivant les liaisons précédentes. En éliminant ρ entre ces deux équations, on aurait un résultat complexe qui déterminerait la liaison analytique entre n, θ, F. Je me contente de faire observer qu'à *égalité de valeur pour* ρ, l'équation $K_1 S_1 n^3 = \rho$ F donne

$$n = \sqrt[3]{\dfrac{\rho F}{K_1 S_1}};$$ ou la vitesse varie en raison inverse de la racine cubique de la surface à mouvoir.....

En résumé, voici les problèmes principaux à résoudre :

1° — Étant donnés le navire et la machine, trouver le propulseur qui lui convient pour donner lieu à la plus grande marche possible compatible avec les données ; on voit que les grands diamètres seront avantageux pour ρ, en même temps qu'ils permettent d'employer des vitesses de rotation modérées.

2° — Étant donnés le navire et l'hélice qui doit lui procurer une marche donnée, quelle est la puissance nécessaire de la machine ?

3° — Étant donnés la machine et l'appareil-moteur, quel doit être le navire susceptible de prendre la marche qui correspond aux données ?

La plupart des questions à résoudre ne peuvent se traiter que par tâtonnements successifs. Voici, comme récapitulation, les *cinq* formules à utiliser ; on peut les combiner de trente-six manières différentes, en éliminant les variables deux à deux :

$$K_1 S_1 n^3 = \rho. F. \qquad\qquad F = K\theta^3 \, (1 - \rho)^2. Ly.r^3.B.$$

$$K_1 S_1 n^3 = K\theta^2 (1 - \rho)^2 \, Lyr^3. A \, ; \quad \frac{n}{\theta r} = \frac{\rho}{tg\varphi} \, ; \quad \rho = \cfrac{1}{1 + \sqrt{\dfrac{K_1 S_1}{K.L.y.r \, C.}}}$$

A, B, C étant des nombres fournis par des formules, ou des tables, ou des expériences. On voit que l'accroissement de la surface motrice ne contribue à l'augmentation de n qué par l'intermédiaire de ρ. Je renvoie à la page 29 pour expliquer le caractère de mon insistance sur ce point; *une hélice de hauteur infinie* donnerait $\rho = 1$ et $n = \dfrac{\theta r}{tg\varphi}$; rien de plus.

J'arrive maintenant à une conclusion considérable pour le cas de l'air, conclusion indépendante de toute théorie, et basée sur *les réalités observées dans la pratique navale*. On a obtenu des vitesses de 14 nœuds, ou de 7 mètres par seconde. Or, avec *la même machine* et avec un ballon ayant le même rapport $\dfrac{K_1}{K}$, c'est à dire avec un ballon construit sur des formes au moins aussi fines que celles d'un navire, résultat qu'il est facile d'atteindre ou de dépasser, on obtiendra forcément des vitesses qui seront en raison inverse de la racine cubique de la résistance; l'air étant 770 fois plus léger que l'eau, on pourra franchir, avec *la même machine*, je le répète, 64 mètres par seconde. La difficulté du problème aérien ne consisterait donc pas uniquement à aller vite avec un ballon, puisque c'est un cas identique à celui du navire, sauf le changement du fluide; elle consisterait à emmagasiner du combustible qui, en se consumant, changerait le tonnage; ce qui ramène à une nature de questions tout autres; d'ailleurs, au point de vue ballon, il peut être effrayant de prime-abord de songer à des machines de 4 à 500 chevaux de force au moins, pour obtenir des vitesses considérables; mais ici je parle de chiffres, et j'indiquerai plus loin ce qui peut être pratiqué.

J'ai traité complétement ce cas important de l'hélice linéaire orthogonale, quoique en me restreignant au plus strict nécessaire, et en supprimant les quatre cinquièmes de ce que j'avais à dire, surtout pour les conséquences pratiques et pour la confrontation expérimentale; le lecteur y suppléera.

J'ajoute quelques mots sur l'équation en coordonnées rectangles : $\omega = ay$. devient : $\operatorname{arctg} \dfrac{z}{x} = ay$ ou $\dfrac{z}{x} = tgay$. On a donc :

$$\frac{dF}{dz} = -1, \qquad \frac{dF}{dx} = tgay, \qquad \frac{dF}{dy} = \frac{ax}{\cos^2 ay}.$$

En substituant dans les équations du § VII, il vient :

$$1^n \; - \; d^2P_1 = \frac{K\theta^2.\, dxdy. \left(1 - \dfrac{n}{\theta} . a\right)^2. x^2.}{(\cos^3 ay + a^2x^2.).\cos ay.}$$

$$2^o \; - \; d^2P_2 = \frac{K\theta^2 dxdy \left(1 - \dfrac{n}{\theta} a\right)^2.ax^2.}{(\cos^2 ay + a^2x^2)\cos^2 ay.}$$

$$3^o \; - \; d^2M_1 = \frac{.\, K\theta^2 dxdy \left(1 - \dfrac{n}{\theta} a\right)^2.x^3.}{(\cos^2 ay + a^2x^2)\cos^2 ay.}$$

$$4^o \; - \; d^2M_2 = \frac{K\theta^2 dxdy \left(1 - \dfrac{n}{\theta} a\right)^2 ax^3}{(\cos^2 ay + a^2x^3)\cos^3 ay.}$$

On retrouve encore, sous cette forme, la constance du terme $\left(1 - \dfrac{n}{\theta}a\right)^2$, constance si précieuse pour la simplicité des calculs, et qui caractérise les surfaces héliçoïdales linéaires. En prenant les limites entre x_0 et x, on voit que la pale serait terminée par des extrémités en angle, et qu'elle ne serait plus symétrique dans toutes ses parties. En considérant le secteur $\dfrac{\omega r^2}{2}$ qui sert de projection à l'aile sur un plan perpendiculaire à l'axe de rotation, on voit que l'on supprime toute la partie de l'aile qui se projette sur le segment circulaire compris entre l'arc $\omega \sqrt{x^2 + z^2}$ et sa corde. Lorsque ω est petit, cette différence est minime; mais comme cette partie de surface a un rôle très actif à cause de son éloignement de l'arbre, la différence est sensible dès que ω s'accroit. On voit que le système de coordonnées mi-polaires donne des calculs simples, principalement parce que les *limites* naturelles s'harmonisent avec le sujet. Je n'ai pas cru devoir reproduire ici des intégrations complexes en coordonnées rectangles.

Je dois ajouter encore deux observations. Lorsque la vitesse de rotation est considérable, il se passe un phénomène particulier qui fait plus spécialement intervenir le rôle de la profondeur d'immersion. Cette profondeur n'est pas la même dans tout le cours du mouvement, puisque l'aile est verticale. Cela donne lieu à un couple léger de renversement dont l'effet a été observé sur les navires en marche. Les calculs par lesquels je précise cet effet sont longs et compliqués; je les renvoie à plus tard. En somme, ils reviennent à supposer que la *circonférence d'action est excentrique à l'arbre,* et l'écart léger de cette *excentricité* marque précisément le *bras du levier* du *couple de renversement.*

Dans un Traité récent, contenant de nombreux renseignements, et recommandable à beaucoup d'égards, l'exposition de ce qui concerne l'*hélice* m'a convaincu plus que jamais qu'il y avait absence complète de toute espèce de théorie au sujet des moteurs mécaniques; l'empirisme dirigeant consacre même des expressions vicieuses, et que je juge devoir proscrire, telles que l'expression de *recul*. On a vu que $n = \rho \cdot h$. N, puisque $h = \dfrac{2\pi r}{tg\varphi}$; ρ est toujours plus petit que 1. Or, on a cru pouvoir observer ce qu'on appelle des *reculs négatifs*. Cette observation n'a jamais été faite que dans le cas où l'on marche à la fois à voile et vapeur. Si le navire marche avec une vitesse n, l'*hélice affolée* prend une vitesse θr toujours plus grande que la vitesse θr qui donnerait au navire le sillage n par l'action même du propulseur. En d'autres termes, sous cette forme, l'hélice est un excellent appareil de *réception,* et, par suite, d'après la théorie générale de toute espèce de mécanisme, l'hélice doit être un appareil médiocre de *transmission.* On peut dire, en gros, que n est environ la moitié de θr quand l'impulsion de l'hélice à la vitesse θr procure la vitesse n. Si donc, par une cause étrangère, le navire marche avec une vitesse plus grande que n, le propulseur aura une vitesse de rotation plus grande que θr. Avec deux hélices très différentes de puissances, on peut, quand on le voudra, donner l'apparence d'un *recul négatif* à la plus faible des deux hélices. Pour expliquer ces soi-disants *reculs négatifs* contre lesquels je proteste pour un appareil *moteur isolé*, l'auteur dont je parle admet que l'*hélice* agissant sur l'eau *d'entraînement du navire* peut trouver sur cette eau morte un *point d'appui plus solide*, et par conséquent produire un résultat avantageux! Évidemment, cette page aura échappé à l'esprit soigneux et précis de son auteur, et elle devra disparaître dans une seconde édition. L'eau d'entraînement ne peut pas servir d'appui; sur un navire très fin de l'avant et taillé en chaland sur l'arrière, l'eau d'entraînement serait considérable, la résistance très accrue, et l'hélice presque inutile; c'est même une des raisons les plus considérables qui militent en faveur des *hélices placées à l'avant du navire*, précisément à cause de l'*amélioration grave* qui se produira dans le coefficient K_1 du navire, puisque le navire marchera dans l'eau d'entraînement de l'hélice. Si l'*arrière est très fin*, même avec un avant un peu arrondi, K_1 sera très faible pour sa part à l'avant, grâce à l'action de l'hélice. Actuellement, la finesse des formes arrières permet au liquide d'agir sur l'hélice; mais l'eau d'entraînement qui fait partie du coefficient K spécial à l'hélice détruit en partie le bénéfice de cette finesse des formes arrières par son influence sur la partie de K_1 qui dépend de l'arrière.

Ainsi, malgré le côté erroné de la loi KSV^2, on peut en déduire une théorie exacte des moteurs, à la condition de ne pas conclure le rapport $\dfrac{K_1}{K}$ d'expériences isolées et accomplies dans des conditions différentes de celles du phénomène. Ce rapport $\dfrac{K_1}{K}$ est spécial à un *navire donné*, armé d'un *appareil donné*; ce rapport $\dfrac{K_1}{K}$ change pour un *autre navire* armé du *même appareil*, ou pour le *même navire* armé d'un autre appareil; et il change encore, quoique dans des limites restreintes, quand les vitesses changent.

§ X. — Paraboloïde hyperbolique et autres surfaces.

Je vais examiner le cas de diverses surfaces intéressantes à divers titres.

Dans la pratique navale, les hélices sont en métal, et on peut leur donner la forme exacte que l'on désire. Pour des hélices aériennes, le squelette seul pourra être métallique; le tissu prendra une forme qui se rapprochera davantage de la surface engendrée par une droite qui glisse sur deux perpendiculaires à l'arbre; avec l'usage, le tissu se détendra, et rapprochera sa forme de celle de l'hélice proprement dite, par le jeu même de l'appareil. La surface dont je parle a pour équation $\dfrac{z}{x} = ay$, en coordonnées rectangles, et représente un paraboloïde hyperbolique. En faisant attention aux signes des diverses dérivées, l'équation $z = axy$ donne :

$$\frac{dF}{dz} = -1 \qquad \frac{dF}{dy} = ax \qquad \frac{dF}{dx} = ay.$$

Les équations du mouvement sont, en substituant la valeur de z :

$$1^\circ - d^2P_1 = \frac{K\theta^2 . dxdy \left(1 - \frac{n}{\theta} \cdot \frac{a}{1 + a^2y^2} \right)^2 . x^2 . (1 + a^2y^2) \frac{5}{2}.}{1 + a^2y^2 + a^2x^2.}$$

$$2^\circ - d^2P_2 = \frac{K\theta^2 \, dxdy \left(1 - \frac{n}{\theta} \frac{a}{1 + a^2y^2} \right)^2 . ax^3 (1 + a^2 y^2). \; 3.}{1 + a^2y^2 + a^2x^2.}$$

$$3^\circ - d^2M_1 = \frac{K\theta^2 dxdy . \left(1 - \frac{n}{\theta} \frac{a}{1 + a^2y^2} \right)^2 x^3 (1 + a^2y^2) \; 3.}{1 + a^2y^2 + a^2x^2}$$

$$4^\circ - d^2M_2 = \frac{K\theta^2 \, dxdy \left(1 - \frac{n}{\theta} \frac{a}{1 + a^2y^2} \right)^2 ax^4 . (1 + a^2y^2). \frac{5}{2}.}{1 + a^2y^2 + a^2x^2}$$

Ces formes sont complexes, et la nature des limites complique encore le résultat. Si l'on opère en coordonnées mi-polaires, l'équation de la surface est $tg\omega = ay$; on voit en quoi elle diffère de l'hélice linéaire orthogonale.

On a : $\dfrac{d\omega}{dy} = a \cos^2\omega.$ $\qquad \dfrac{d\omega}{dx} = 0$; d'où :

$$1^\circ - d^2P_1 = \frac{K\theta^2 dr dy . \left(1 - \frac{n}{\theta} \cdot a \cos^2\omega \right)^2 r^2 .}{1 + a^2r^2 \cos^4\omega.}$$

$$2^\circ - d^2P_2 = \frac{K\theta^2 dr dy . \left(1 - \frac{n}{\theta} a \cos^2\omega \right)^2 ar^3 \cos^2\omega.}{1 + a^2r^2 \cos^4\omega.}$$

d^2M_1 et d^2M_2 s'obtiennent par la multiplication de d^2P_1 et d^2P_2 par r.

Sous cette forme, on voit que pour de petites valeurs de ω, lorsque $\cos^2\omega$ pourra être pris pour 1, la surface du paraboloïde produira des effets identiques à ceux de l'hélice $\omega = ay$.

Dans les mêmes conditions, on est conduit à considérer l'équation $\sin \omega = ay$, dont l'équivalent en coordonnées rectangles est $\dfrac{z}{\sqrt{z^2 + x^2}} = ay$, surface réglée du quatrième degré, qui offre encore de l'analogie d'effet avec l'hélice linéaire orthogonale. En coordonnées favorables, on a :

$$\frac{d\omega}{dy} = \frac{a}{\cos\omega}. \qquad \frac{d\omega}{dr} = 0.$$

$$1^\circ - d^2P_1 = \frac{K\theta^2 dr dy \left(1 - \frac{n}{\theta} \cdot \frac{a}{\cos\omega} \right)^2 . r^2}{1 + \frac{a^2r^2}{\cos^2\omega}.}$$

$$2^\circ - d^2P_2 = \frac{K\theta^2 dr dy . \left(1 - \frac{n}{\theta} \frac{a}{\cos\omega} \right)^2 . r^3 \frac{a}{\cos\omega}.}{1 + \frac{a^2r^2}{\cos^2\omega}.}$$

Et quoique le sinus se rapproche davantage de son arc que la tangente, on voit que cette surface diffère davantage de l'hélice, au point de vue des efforts, que la précédente. Lorsque ω sera assez petit pour que $\cos \omega$ puisse être pris pour un, on pourra substituer l'hélice.

Le grand avantage des familles de surfaces comprises dans l'équation arbitraire $F(\omega - ay) = o$ consiste en ce que le *facteur de rendement* se trouve hors de l'intégration. L'équation différentielle de ces surfaces est $\dfrac{tg\varphi}{r} = a$, ou $\dfrac{d\omega}{dy} = a$.

On peut avoir à rechercher la famille de surfaces pour lesquelles $tg\varphi = a$, ou constante; on voit que $\dfrac{a}{r} = \dfrac{d\omega}{dy}$ est l'équation aux différences partielles qui donne $F\left(\omega - a\,\dfrac{y}{r}, r\right) = o$ pour équation arbitraire de ces surfaces. La plus simple d'entre elles donne l'équation $\omega = a.\dfrac{y}{r}$, qui paraît précisément correspondre à une forme à *maxima* pour la poussée P, quand on restreint le problème à des surfaces réglées ayant au moins une directrice linéaire normale à l'axe de rotation; j'y consacrerai un paragraphe. L'équation $\sin\omega = a\,\dfrac{y}{r}$ représente *un plan* en coordonnées mi-polaires, et ce cas mérite aussi un examen spécial dans les deux systèmes de coordonnées. L'équation $tg\omega = a\,\dfrac{y}{r}$ pourrait aussi être étudiée; l'équation correspondante en cordonnnées rectangles est du quatrième degré, $\dfrac{z}{x} = \dfrac{ay}{\sqrt{z^2 + x^2}}$.

On peut se demander quelles sont les surfaces pour lesquelles $tg\gamma =$ est constant; on a alors $\dfrac{a}{r} = \dfrac{d\omega}{dr}$, qui donne $F(\omega - a\log r, y) = o$ pour équation arbitraire de la famille. Si on voulait que $tg\alpha$ soit constant, on aurait $\dfrac{a^2}{r^2} = \left(\dfrac{d\omega}{dy}\right)^2 + \left(\dfrac{d\omega}{dr}\right)^2$ pour équation aux différences partielles. En effectuant les recherches nécessaires à l'intégration, on trouve que la condition nécessaire est que $\left(\dfrac{d\omega}{dy}\right) = o$, ce qui indique que l'équation est indépendante de y; on a alors uniquement $\dfrac{d\omega}{dr} = \dfrac{a}{r}$, avec la restriction précitée, ce qui conduit à $F(\omega - a\log r) = o$, cylindre parallèle à l'axe des y, et ayant pour base une ou plusieurs *spirales* hyperboliques de la forme $\omega - a\log r = o$. Ce résultat est important, en ce qu'il montre que parmi les surfaces relatives aux *moteurs entièrement plongés*, il ne peut pas en exister pour lesquels α soit constant; ces surfaces donnent une valeur nulle pour P, et pour M_i, puisque alors $tg\varphi = o$.

Si l'on choisit pour génératrice dans les plans perpendiculaires à l'arbre une courbe *géométrique* quelconque, et non pas un trait infléchi arbitrairement suivant la fantaisie, sans que le calcul puisse s'appliquer, on aura la valeur de $tg\gamma$, qui fournira une équation différentielle en $\dfrac{d\omega}{dx}$, et l'intégration donnera alors la famille de surfaces correspondantes. Si donc on veut utiliser le squelette des hélices aériennes pour un mouvement de *turbine*, on devra procéder ainsi, après avoir *défini mathématiquement*, au préalable, le genre de courbure qui correspond à la ligne $f(\omega, r, y_1) = 0$.

Si, maintenant, on considère la surface engendrée par une ligne droite de longueur donnée, ou barreau qui se meut perpendiculairement à une directrice perpendiculaire à l'arbre, en variant l'inclinaison de ce barreau sur l'axe des y, on aura une équation de la forme $\dfrac{z}{y} = Fx.$, en coordonnées rectangles, Fx représentant cette inclinaison variable avec la distance à l'axe de rotation. C'est, à proprement parler, l'équation du *moulin à vent*, et les formules données par Coriolis à ce sujet sont incorrectes. En effectuant les calculs, il vient :

$$d^2P_2 = \frac{K\theta^2 . dxdy\left(1 - \dfrac{n}{\theta} \cdot \dfrac{Fx}{x + y^2 FxF'x}\right)^2 . (x + y^2 FxF'x)^2 Fx}{1 + y^2.F'^2x + F^2x}$$

Je me contente d'écrire la valeur de d^2P_2, ne voulant pas effectuer les calculs. Eh bien! le problème qui consiste à déterminer la loi de variations des inclinaisons variables du barreau mobile générateur, suivant la distance à l'arbre, pour produire un maximum sur P_2, est précisément posé par cette équation. Il faut la différentier d'abord par rapport à $F'x$ considérée comme variable; puis différentier le résultat par rapport à x, et on a une équation différentielle du second degré très complexe qu'il s'agit d'intégrer. Le problème est plus simple que pour le cas général. Je me dispense d'écrire la longue équation que l'on obtient.

Si, au lieu de considérer un barreau rectiligne, on courbe ce barreau en forme de courbe hélice, on aura la possibilité d'appliquer les coordonnées mi-polaires à la surface engendrée, surface qui ne sera pas la même que la précédente, mais qui donnera des enseignements du même genre; alors on aura $\dfrac{r\omega}{y} = Fr$ pour équation de la surface, Fr exprimant la loi de variation de $tg\varphi$, suivant la valeur de r.

On a alors pour la valeur de d^2P_2 :

$$d^2P_2 = \frac{K\theta^2 drdy \left(1 - \dfrac{n}{\theta}\dfrac{Fr}{r}\right)^2 . r^2 . Fr.}{1 + F^2r + y^2 (rF'r - Fr)^2}$$

En traitant cette équation suivant les procédés du calcul des variations, on aurait la loi des inclinaisons, qui devrait se substituer, soit à la valeur de $tg\varphi = a$, soit à la valeur de $tg\varphi = ar$, pour produire un plus grand effet de poussée P_2 dans les mêmes conditions de grandeur de la surface mouvante. On voit qu'il faudrait chercher le maximum pour $(P_2 + mS)$, m étant un facteur arbitraire que l'on détermine à la suite; on sait d'ailleurs que

$$d^2S = \frac{drdy}{1 + F^2r + y^2 (rF'r - Fr)^2}.$$

. . . .

§ XI. — Cas d'un plan pour surface motrice.

En coordonnées rectangulaires, l'équation générale du plan est :
$Ay + Bx + Cz + D = o$. En substituant les valeurs $x = r \cos \omega$, $z = r \sin \omega$,
et en effectuant une transformation facile, on arrive à la forme :
$ay = br \sin (\omega - \omega_1) + c = o$, pour représenter le plan en coordonnées mi-
polaires. Sans nuire à la généralité de l'équation, on peut supposer $\omega_1 = o$,
c'est à dire compter les angles des plans d'axe à partir de celui d'entre eux
qui contient une ligne droite perpendiculaire à l'axe ; seulement il sera possible
qu'il y ait avantage à utiliser, pour le mouvement, une partie de la surface
comptée à partir d'un certain angle ω_1 plutôt qu'à partir de o.

En supposant $b = o$ les équations s'annulent ; le plan $ay = c$ est perpendiculaire à l'arbre de rotation ; pour notre sujet, nous pouvons donc, sans
inconvénient, supposer $b = 1$, puisque b ne peut pas être nul. En supposant
$a = o$, l'équation $r \sin \omega = c$ donne lieu à un plan parallèle à l'axe des y, ou
cylindre linéaire, pour lequel $P_1 = o$. Cette forme ne peut donc pas s'utiliser.
Je donnerai toutefois les équations en P_1 et M_1 pour ce cas, pour interpréter
certains genres d'expériences ; cela peut s'utiliser pour les roues à aubes.
En admettant $c = o$ dans toutes les circonstances où le plan n'est pas parallèle
à l'axe des y, on aura : $ay = r \sin \omega$, qui sera l'équation de l'aile motrice
dans les limites ultérieurement choisies. On a alors :

$$\frac{d\omega}{dy} = \frac{a}{r \cos \omega}. \qquad \frac{d\omega}{dr} = \frac{tg\,\omega}{r}. \qquad \frac{dy}{dr} = \frac{\sin\omega}{a}.$$

$$tg\varphi = \frac{a}{\cos\omega} \qquad tg\alpha = \frac{\sqrt{a^2_1 + \sin^2\omega}}{\cos\omega}. \qquad tg\beta = \frac{\sin\omega}{a}. \qquad \gamma = \omega.$$

Les valeurs angulaires sont indépendantes de r et de y. La commodité des
intégrations rend préférable d'éliminer y, en considérant r et ω comme
variables indépendantes ; en écrivant : $dy = d\omega . \dfrac{r \cos \omega}{a}$, il vient :

$$1^\circ - d^2P_1 = \frac{K\theta^2 dr d\omega . \left(1 - \dfrac{n}{\theta}\dfrac{a}{r \cos\omega} \right)^1 . r^3 \cos^3\omega.}{a\,(1 + a^2).}$$

$$2^\circ - d^2P_1 = \frac{K\theta^2 dr d\omega . \left(1 - \dfrac{n}{\theta}\dfrac{a}{r \cos\omega} \right)^1 . r^3 \cos^3\omega.}{(1 + a^2.).}$$

$$3^\circ - d^2M_1 = \frac{K'^2 dr d\omega \left(1 - \dfrac{n}{\theta}\dfrac{a}{r \cos\omega} \right)^2 r^4 \cos^3\omega.}{a\,(1 + a^2).}$$

$$4^\circ - d^2M_2 = \frac{K\theta^2 dr d\omega \left(1 - \dfrac{n}{\theta}\dfrac{a}{r \cos\omega} \right)^2 . r^4 \cos^2\omega.}{(1 + a^2).}$$

$$5^\circ - d^2S = \frac{r dr d\omega . \sqrt{1 + a^2}}{a}.$$

traduire l'algèbre en français; ici toutes les parties actives de la pale sont éloignées de l'arbre, ce qui change complètement les conditions de l'action, même à égalité de surfaces motrices.

Je n'ai pas à parler du *pas d'action moyen*. En repos, $h = \dfrac{2\pi r_{\scriptscriptstyle 1} \cos \omega}{a.} = \dfrac{8\pi r \cos \omega}{5\,a.}$; mais, en marche, *ce pas* ne peut plus être considéré, puisqu'il varie avec n, sauf pour l'hélice linéaire.

La valeur de $tg\varphi = \dfrac{a}{\cos \omega.}$ nous apprend que φ a le même signe depuis $\omega = +90°$ jusqu'à $\omega = -90°$, et que φ change de signe de $\omega = 90$ à $\omega = 270°$. Si donc on mettait en mouvement une tranche entière de surface plane, chacune des parties séparées par l'arbre tendrait à produire un mouvement opposé de translation. Dans le sens d'un mouvement, on ne peut utiliser que la partie comprise de $-90°$ à $+90°$. Cela est naturel. En regardant la pale à droite, inclinée sur l'avant, je suppose, cette pale prendra l'inclinaison sur l'arrière quand le mouvement de rotation l'aura amenée à la gauche du spectateur; les deux ailes opposées, qui devront former l'appareil en entier, devront être découpées sur des plans symétriques par rapport à un plan perpendiculaire à l'arbre, et elles ne peuvent pas être prises sur le même plan en prolongement l'une de l'autre. Pour l'hélice, je n'ai considéré que l'une des *nappes*; mais en prolongeant les génératrices de l'autre côté de l'arbre, on obtient une seconde *nappe*, qui est renversée : l'une est *sinistrorsùm*, l'autre *dextrorsùm*.

Si, au lieu de prendre le petit axe de l'ellipse comme ligne médiane de la pale, on utilisait une partie du plan comprise de ω à $\omega_{\scriptscriptstyle 1}$, il n'y aurait plus de symétrie par rapport à la médiane; le secteur elliptique ne serait plus isoscèle. Pour chercher la valeur $\omega_{\scriptscriptstyle 1}$ la plus avantageuse, comme angle de départ, dans l'effort de $P_{\scriptscriptstyle 2}$, il faut prendre le rapport $\dfrac{P_{\scriptscriptstyle 2}}{S}$ qui contient alors le facteur $\dfrac{\cos \omega \sin \omega + \omega}{\omega.}$. Pour $\omega = o$, ce facteur égale 2; et cela est encore presque vrai quand ω est très petit. Pour $\omega = 45$, ce facteur égale $\dfrac{2}{\pi} + 1$; et enfin, pour $\omega = 90°$, il devient 1; pour $\omega = 180°$, ce facteur égale o. Cette dernière valeur revient à une remarque précédente. On voit qu'en partant de $\omega = o$, les valeurs sont plus avantageuses; donc il faut prendre la partie du plan symétrique autour de la seule ligne perpendiculaire à l'arbre qui soit dans ce plan.

Si l'on examine le facteur en a, on trouve qu'il ne donne pas lieu à un *maximum* pour $P_{\scriptscriptstyle 1}$; cela paraîtrait étrange. si l'on ne remarquait pas que S s'accroît indéfiniment avec a; si l'on prend la valeur de $\dfrac{P_{\scriptscriptstyle 2}}{S}$, il n'en est plus de même, et l'on trouve $a = \dfrac{1}{\sqrt{2}}$, ou $\lambda = 35°$ environ pour valeur d'inclinaison qui donne le maximum d'effet pour $P_{\scriptscriptstyle 2}$. Ce résultat, obtenu par la différentiation, ne peut nous inspirer *aucune confiance numérique*; je l'ai répété bien des fois. D'ailleurs, de même que pour les exemples numériques cités pour l'hélice, ce n'est pas l'inclinaison qui donne le *maximum pour P_2* qu'il convient de choisir, mais celui qui donne le minimum pour $\dfrac{T_1}{P_2}$. Ce dernier rapport a de grandes chances d'être réellement bien déterminé ; il ne donne pas lieu à un *maximum*, et il est d'autant meilleur que a est plus grand.

En désignant toujours par L le nombre des ailes, on peut admettre, en *rigueur*, que l'effort se double pour $L = 2$, les deux ailes étant opposées et symétriques. Exact quand on marche, ce fait n'est plus aussi rigoureux quand on agit sur place. Pour $L = 4$, on ne peut admettre que les efforts se quadruplent qu'avec les restrictions mentionnées ; si les ailes sont très larges, il se peut que les *formes hydrodynamiques* qui se substituent à la forme de chaque aile pour produire les efforts viennent à se toucher ; alors, le mouvement d'une aile influence le mouvement de la suivante. Théoriquement, accroître la *hauteur y* de deux ailes revient à accroître le nombre des autres ailes, sans produire d'une manière ainsi marquée l'inconvénient en question. J'ai dit que fractionner la hauteur *y* en parties successives pouvait avoir un effet avantageux, comme brisant les *formes hydrodynamiques* qui diminuent le coefficient empirique et expérimental K, coefficient qu'il faut rendre le plus grand possible.

Pour les conditions de marche, on aura toujours :

$$K_1 S_1 n^3 = \rho.F. \qquad F = T_1 = M_1 \theta. \qquad P_2 = K_1 S_1 n^4.$$

Il s'agit de calculer n et ρ. L'équation $P_2 = R$ se présente sous la forme d'un polynôme complet du deuxième degré en $\dfrac{n}{\theta}$; on le préparera de la façon suivante : On mettra $\omega r^2 \, L \, r^2$ en facteur commun, ωr^2 représentant la projection de l'aile motrice sur un plan perpendiculaire à l'arbre, puisque 2ω est l'angle de projection ; alors, P_2 prendra la forme :

$$P_2 = K\theta^2 r^2.\omega r^2.\, L.\left(A - \frac{2n}{\theta r}\cdot A_1 + \left(\frac{n}{\theta r}\right)^2 A_2 \right)$$

A, A_1, A_2 étant des facteurs numériques qui ne dépendent que des valeurs a et ω. En supposant la pale motrice comprise entre o et r, il viendra :

$$\frac{K_1 S_1}{K\omega r^2.L}\cdot \left(\frac{n}{\theta r}\right)^2 = A - 2A_1\left(\frac{n}{\theta r}\right) + A_2\left(\frac{n}{\theta r}\right)^2$$

équation indépendante de la densité du fluide.

Cette équation du deuxième degré fera connaître la valeur de $\dfrac{n}{\theta r}$, dans les conditions imposées à l'appareil moteur.

En préparant d'une manière analogue la valeur de T_1, on aura :

$$T_1 = K\theta^2 r^2.\omega r^2 L.\left(B - 2B_1\left(\frac{n}{\theta r}\right) + \left(\frac{n}{\theta r}\right)^2 B_2 \right)$$

on pourra alors conclure ρ soit de $\dfrac{K_1 S_1 n^3}{T_1}$ soit de $\dfrac{P_2 n}{T_1}$ ce qui revient au même, d'après l'équation précédente; on aura :

$$\rho = \cdot \frac{n.}{\theta r} \; \frac{A - \dfrac{2n}{r} A_1 + \left(\dfrac{n}{\theta r}\right)^2 \cdot A_2}{B - \dfrac{2n}{\theta r} B_1 + \left(\dfrac{n}{\theta r}\right)^2 \cdot B_2} \cdot$$

On voit que, pour les surfaces autres que l'hélice linéaire, $\omega = ay + bx + c$; le rapport ρ, qui exprime la transformation du travail de rotation en travail de translation, *varie dans le cours du mouvement*. Quand n a pris la valeur constante qui convient à l'appareil, il s'ensuit une valeur constante pour ρ. Cette valeur est indépendante de la densité du fluide.

Je passe sous silence la discussion de ces équations, ainsi que les problèmes variés que l'on peut se proposer. Quant à l'équation du second degré, qui donne $\dfrac{n}{\theta r}$, il est peu nécessaire de l'écrire sous forme littérale; seulement il conviendra de laisser le radical au dénominateur, ce qui est aussi simple que de laisser en haut, et la forme se rapprochera davantage de celles de l'hélice.

Si la pale va seulement de r_0 à r, chaque coefficient sera multiplié par un facteur de diminution de la forme $\left(1 - \left(\dfrac{r_0}{r}\right)^m\right)$. Ainsi, B deviendra $B\left(1 - \left(\dfrac{r_0}{r}\right)^5\right)$; A et B_1 seront multipliés par $\left(1 - \left(\dfrac{r_0}{r}\right)^4\right)$, et ainsi des autres. On voit qu'il faut déjà que le rapport $\left(\dfrac{r_0}{r}\right)$ soit sensible, pour que cela donne lieu à un changement appréciable. Le terme ωr^2, qui exprime la surface projective, deviendra : $\omega r^2 \left(1 - \left(\dfrac{r_0}{r}\right)^2\right)$.

J'omets des tableaux numériques et de nombreux calculs; j'ai tenu à préciser ce cas, parce que ce que je dis ici s'applique en général. On voit qu'une théorie des moteurs plongés doit essentiellement faire intervenir la nature de la surface, et que le problème n'est réellement simple que pour les hélicoïdes du premier degré; de plus, on voit comment le rayon r_1 du *moment de rupture* est moins simple à envisager que le rayon r extrême, même dans le cas où les limites sont r et r_0.

J'arrive maintenant aux coordonnées rectangles. L'équation du plan étant, je suppose, $ay + bx + cz + d = o$, on a :

$$\frac{dF}{dy} = a \qquad\qquad \frac{dF}{dx} = b \qquad\qquad \frac{dF}{dz} = c.$$

En substituant dans les équations générales du § VII, il vient :

$$1^{o} \quad - \quad d^{2}P_{1} = \frac{K\theta^{2}dxdy.\left(1 - \frac{n}{\theta} \cdot \frac{a}{bz - cx}\right)^{2}(bz - cx)^{3}}{c\left(a + b^{2} + c^{2}\right)\sqrt{x^{2} + z^{2}}} =$$

$$2^{o} \quad - \quad d^{2}P_{2} = \frac{K\theta^{2}dxdy\left(1 - \frac{n}{\theta}\frac{a}{bz - cx}\right)^{2}(bz - cx)^{2}.a.}{c\left(a^{2} + b^{2} + c^{2}\right).}$$

3° — $d^{2}M_{1}$ et $d^{2}M_{2}$ s'obtiennent en multipliant les valeurs précédentes par $\sqrt{x^{2} + z^{2}}$. On voit que P_{2} et M_{1} s'intégreront facilement en valeurs algébriques, tandis que le radical complique les expressions de P_{1} et de M_{2}.

Pour $c = o$, le plan est parallèle à l'axe des z; il n'y a plus de projection sur le plan des xy; les équations se présentent sous la forme $\frac{o}{o}$. Ce cas ne peut pas s'appliquer, je passe.

Pour $b = o$, le plan est parallèle à l'axe des x; étant donné un plan quelconque que coupe l'axe des y, on peut toujours amener le plan des xy, par une rotation, dans la position indiquée par $b = o$. Ce changement de coordonnées ne modifie pas la situation de la surface mouvante par rapport à l'axe des y; on prend simplement pour axe des x la seule ligne du plan formant la pale qui se trouve perpendiculaire à l'axe des y; on peut supposer $c = -1$, ce qui ramène la surface à l'équation $z = ay$, en admettant qu'elle passe par l'origine des coordonnées. Alors :

$$1^{o} \quad - \quad d^{2}P_{1} = \frac{K\theta^{2}dxdy.\left(1 - \frac{n}{\theta} \cdot \frac{a}{x}\right)^{2}.x^{3}.}{\left(1 + a^{2}\right)\sqrt{x^{2} + a^{2}y^{2}}}$$

$$2^{o} \quad - \quad d^{2}P_{2} = \frac{K\theta^{2}dxdy.\left(1 - \frac{n}{\theta}\frac{a}{x}\right)^{2}.x^{2}.a.}{\left(1 + a^{2}\right).}$$

$$3^{o} \quad - \quad d^{2}M_{1} = \frac{K\theta^{2}dxdy\left(1 - \frac{n}{\theta}\frac{a}{x}\right)^{2}.x^{3}.}{1 + a^{2}.}$$

$$4^{o} \quad - \quad d^{2}M_{2} = \frac{K\theta^{2}dxdy\left(1 - \frac{n}{\theta}\frac{a}{x}\right)^{2}.x^{2}.a\sqrt{x^{2} + a^{2}y^{2}}}{\left(1 + a^{2}\right).}$$

Lorsque y est négligeable par rapport à x, toutes les valeurs sont simples. En intégrant dans les limites $+ y$ à $- y$, ce qui donne une *hauteur* $2y$ à la pale, et dans les limites de x_{0} à x, on obtient une pale rectangle ayant $2y\,(x - x_{0})$ pour projection sur le plan des xy. Si on avait à faire les calculs, on conserverait la surface $2yx$, en la multipliant par le facteur de correction $\left(1 - \dfrac{x_0}{x}\right)$. Je ne crois pas utile d'insister. Pour $n = o$, le rapport

$$\frac{T_1}{P_2} = \cdot \frac{\theta x}{a} \Big\} \cdot \frac{3}{4} \cdot \frac{1 - \left(\dfrac{x_0}{x}\right)^4}{1 - \left(\dfrac{x_0}{x}\right)^3} \cdot$$

Là encore, pour $a = tg\varphi$, il y a un avantage pour la poussée, dans l'emploi du *plan*, au lieu et place de l'*hélice*. Avec la même machine, on élèvera un poids plus grand. Pour n quelconque, le rapport varie avec n.

Pour $a = o$, la pale est parallèle à l'axe des y; il n'y a plus de poussée P_2. Ce cas peut s'utiliser pour confronter les nombres expérimentaux donnés par Thibault, sous le titre de *Résistances latérales*.

<h3 style="text-align:center">§ XII. — Cone héliçoïdal linéaire.</h3>

Je prends un point quelconque de l'arbre, et, par ce point pris comme sommet, je fais passer une droite constamment appuyée sur une *hélice* linéaire tracée sur un cylindre; j'engendre ainsi une *seule des nappes* d'un cône héliçoïdal linéaire. Parmi les génératrices de ce cône, il en est une qui est perpendiculaire à l'arbre de rotation pris pour axe des y; en prenant cette ligne pour origine des ω, j'aurai $ay = r\omega$ pour équation de la surface. On voit que cette surface a pour plan tangent $ay = r \sin \omega$. Tant que l'*arc d'ellipse* tangent à l'*arc d'hélice* différera peu de ce dernier, les deux surfaces seront peu distinctes. Le long de la génératrice unique orthogonale sur y, il y a *inflexion* du cône héliçoïdal; et pour de petites valeurs de ω, on pourra prendre le plan tangent pour la surface, et *vice versâ*. Cette surface est intéressante, comme paraissant donner un *maxima* pour P_2; parmi les surfaces réglées, elle est la plus simple de celles pour lesquelles on a $tg\varphi = a$, constante. En coordonnées rectangles, on aurait : $tg\left(\dfrac{ay}{\sqrt{x^2 + z^2}}\right) = \dfrac{z}{x}$, ce qui est fort complexe. En coordonnées mi-polaires, on a :

$$\frac{d\omega}{dy} = \frac{a}{r} \qquad\qquad \frac{d\omega}{dr} = -\frac{\omega}{r}\cdot$$

$$tg\varphi = a \qquad tg\alpha = \sqrt{a^2 + \omega^2}\cdot \qquad tg\varepsilon = \frac{\omega}{a} \qquad tg\gamma = \omega.$$

Pour $\omega = o$ ou très petit, on voit que $tg\alpha = tg\varphi$, c'est à dire que pour de petites valeurs de ω, cette surface se confond presque avec l'*hélice*, puisque $\alpha = \varphi$ est le caractère distinctif de cette dernière.

On voit que $\dfrac{P_2}{P_1} = tg\varphi = a$, puisque $tg\varphi$ est constant.

Les intégrations sont très simples en r et ω; il n'y a qu'une seule intégrale qui intervienne pour les quatre quantités à calculer.

C'est $\displaystyle\int \frac{d\omega}{1 + a^2 + \omega^2} = \cos\varphi \, \text{arctg}\,(\omega \cos\varphi)$; en se rappelant que $tg\varphi = a$, en posant $I = 2\cos\varphi\ \mathrm{arctg}\,(\omega\cos\varphi)$ pour rendre la pale symétrique par rapport à la ligne d'origine des ω, ou intégrant de $+\omega$ à $-\omega$, il vient :

$$1^\circ \quad - \quad P_1 = \frac{K\theta^2}{tg\varphi}\,I\left(\frac{r^4}{4.} - \frac{2na}{\theta.}\,\frac{r^3}{3} + \frac{n^2}{\theta^2}\cdot\frac{a^2\,r^2}{2}\right)$$

$$2^\circ \quad - \quad P_2 = P_1\,tg\varphi.$$

$$3^\circ \quad - \quad M_1 = \frac{K\theta^2}{tg\varphi}\,I\left(\frac{r^5}{5} - \frac{2na}{\theta}\cdot\frac{r^4}{4} + \frac{n^2}{\theta^2}\,a^2\,\frac{r^3}{3}\right)$$

$$4^\circ \quad - \quad M_2 = M_1\,tg\varphi.$$

On voit que $t = tg\varphi$, et que $r_1 = r_2 = \cdot\ \dfrac{4}{5}\,r$ quand $n = 0$.

On voit aussi que $\dfrac{T_1}{P_2} = \dfrac{\theta.r.}{tg\varphi}\cdot\dfrac{4}{5}\cdot$ Alors $P_2 = \dfrac{K\theta^2.r^4}{2}\cdot\cos\varphi\cdot\mathrm{arctg}\,(\omega\cos\varphi)$.

On a supposé la pale allant de o à r; on corrigera comme d'habitude quand l'aile va seulement de r_0 à r.

Si l'on devait construire des hélices sur cette forme d'équation, on voit que les sections par des plans perpendiculaires à l'arbre sont des *spirales hyperboliques* à équation $ay_1 = \omega r$. Ce serait donc les lignes qui termineraient l'aile motrice, si on devait la terminer par des sections normales à l'axe; mais dans ce cas, les intégrations précédentes ne donneraient point l'effort; après avoir intégré par rapport à r, il faudrait substituer $r = \dfrac{c}{\omega}$, pour effectuer la seconde intégration.

§ XIII. — Examen de quelques maxima.

Dans le choix primitif des matériaux que j'avais l'intention d'utiliser pour ce premier Mémoire, ce paragraphe était fort étendu. La nécessité de me restreindre à un petit nombre de pages me force à une simple analyse.

Les équations générales en valeurs angulaires sont, pour $n = 0$:

$$1^\circ \quad - \quad d^2P_1 = K\theta^2 r^2 \cos^3\alpha\,d^2s.$$

$$2^\circ \quad - \quad d^2P_2 = K\theta^2 r^2 \cos^3\alpha\,tg\varphi.\,d^2s.$$

Sous cette forme différentielle, on reconnaît bien la loi d'une surface mouvante d^2s, multipliée par le quarré de la vitesse d'une circonférence de rayon r avec des facteurs spéciaux. Un nouveau facteur $\left(1 - \dfrac{n}{\theta r}\,tg\varphi\right)^2$ tient compte des forces perdues, dans le cas d'une translation n.

On sait que α ne peut jamais être constant, sauf pour des cylindres à base spirale logarithmique, surfaces inutilisables pour P_2; de plus, α est toujours plus grand que φ, puisque $tg^2\alpha = tg^2\varphi + tg^2\gamma$, à moins que $\gamma = 0$, ce qui donne $\alpha = \varphi$, cas de l'hélice.

On voit que l'effort opposé à la rotation va sans cesse en diminuant depuis $\alpha = 0$ jusqu'à $\alpha = 90$. Il n'en est plus de même de l'effort opposé à la transation : si, d'une part, l'augmentation de α produit une diminution sur P_2; d'autre part, l'augmentation de φ accroît P_2. L'effort est nul pour $\alpha = o$, puisqu'alors $\varphi = o$; et il est encore nul pour $\alpha = 90$ en tenant compte de la forme $o \times \infty$, que prend alors P_2. La poussée de translation est donc susceptible d'un *maxima* variable suivant chaque forme de surface mouvante. Il est étrange qu'il *n'existe pas une seule expérience* pour constater expérimentalement la loi de variation de P_2, en tenant compte des variations du coefficient K. Pour le terme P_1, pour le mouvement circulaire, on ne possède même que les expériences de Hutton, de Vince et de Thibault; celles de Thibault sur l'air sont seules complètes. Elles ont été entreprises à Brest, en 1826, dans le but de rechercher les lois les plus favorables à la disposition des voiles pour les anciens navires. A cette époque, la marine en vapeur était à l'état embryonnaire, et l'on ne soupçonnait même pas que l'on pouvait utiliser la pression P_2 pour exercer un effort mécanique de locomotion. J'ai dessiné les *courbes* qui donnent les valeurs fournies par les recherches de Thibault; je renvoie leur examen au second Mémoire, avec toute l'extension nécessaire, pour suivre surtout la loi de variation du coefficient K, qui interprète expérimentalement l'influence de la forme hydrodynamique qui se substitue au corps en mouvement. Je me contente de faire observer que le premier tableau d'angles de Thibault, celui que l'on cite le plus communément comme argument contre la loi des *sinus quarrés*, est vicié par une cause d'erreur expérimentale inaperçue par l'auteur; en outre, il est mauvais d'opérer sur des *pales différentielles*.....

En comparant les pressions à *égalité de surface*, le maximum de l'effort différentiel d^2P_2 sera donné par le maximum de $\cos^3\alpha \, tg\varphi$; en posant $\alpha = \varphi + \delta$, puisque $\alpha > \varphi$; on pourra indiquer approximativement le maximum de $\cos^2(\varphi + \delta)\sin\varphi$, comme se rapprochant de celui qu'on cherche. On trouve que l'angle doit être compris entre 30 et 35°, avec une correction pour la valeur de δ. Pour des pales ordinaires, δ est petit. Si δ pouvait être o, ce qui ne peut avoir lieu que pour les surfaces hélicoïdales dont l'équation ne renferme pas la variable r, on aurait 35° à 36° pour valeur du maximum. Ce nombre *isolé* ne peut pas avoir de bonté pratique à nos yeux, puisqu'il est influencé par la variation du coefficient K, coefficient qui varie avec φ ou α. C'est aux environs de 35° qu'a lieu le maximum; c'est tout ce que l'on peut dire.

En comparant les pressions à *égalité de projection* sur un *plan d'axe*, l'équation devient : $d^2P_2 = K\theta^2 r^2 \cos^2\alpha \, tg\varphi.drdy$; la position du maximum change.

On trouve que le maximum correspond à : $\alpha = 45 - \dfrac{\delta}{2}$; sauf toujours l'influence pratique de la variation de K; c'est donc entre 40 et 45° que l'inclinaison de la pale devrait produire le maximum de P_2.

En comparant les pressions à *égalité de projection* sur un *plan perpendiculaire à l'arbre*, on aurait : $d^2P_2 = K\theta^2 r^3 \cos^2\alpha.dr.d\omega$; c'est à dire que, dans ce cas, il n'y a plus de maximum; la variation de α accroît la *surface mouvante* dans un rapport tel que *l'accroissement de la surface* compense la *diminution de l'effort*.

Ces observations ont une grande importance, puisqu'elles montrent un sens des difficultés. Ce dernier résultat surtout est curieux, et je l'avais déjà fait

observer dans l'examen de la pression donnée par un secteur elliptique plan
(page 49). Il n'est exact qu'en exprimant l'effort P_2 en coordonnées mi-polaires ;
cela dépend des limites.

Pour des surfaces quelconques, la recherche des maxima ne peut guère se
faire que sur les intégrales, en dressant des courbes numériques. Ce n'est pas
d'ailleurs le maximum de P_2, je le répète encore, que l'on cherche toujours à utiliser, puisqu'il s'agit d'obtenir, non pas le plus grand effort observable, mais le
plus grand effort pour la plus petite valeur de la machine. Le rapport différentiel
$\dfrac{T_1}{P_2} = \dfrac{\theta r}{tg\varphi}$, et l'on voit que les pales peuvent être avantageuses en produisant
un moindre effet pour une plus grande valeur de $tg\varphi$.

En faisant intervenir dans la valeur de ρ la projection ry, il semble naturel de
considérer la recherche des maxima à *égalité de projection sur un plan d'axe*.

L'examen général de cette question, dans la recherche des valeurs isolées
de P_2, comme dans la recherche des rapports, m'a conduit à des liaisons
différentielles très complexes et même indéchiffrables. Si on borne le problème
au cas où les surfaces doivent contenir une seule génératrice rectiligne
normale à l'arbre, la surface n'étant point comprise pour cela parmi les
surfaces réglées, on peut opérer sur une équation beaucoup plus simple, soit
en coordonnées rectangles, soit en coordonnées mi-polaires, en recherchant
la loi d'inclinaison d'un barreau *droit* ou en forme d'*hélice* qui glisse sur la
ligne droite en question. C'est ce que j'ai appelé l'équation du moulin à vent ;
là, je suis arrivé à quelques résultats que je renvoie au second Mémoire.....

En dehors de cela, je considère une tranche infiniment mince d'une surface
hélicoïdale générale définie par $F(\omega, y) = 0$. Cette équation ne contenant pas
r, on voit que $\alpha = \varphi$. Je prends une tranche infiniment mince d'hélicoïde,
tranche de longueur quelconque, comprise entre deux lignes droites perpendiculaires à l'arbre ; l'effort maximum sera caractérisé par $tg^2\alpha = \dfrac{1}{2}$ ou
$\cos^2\alpha = \dfrac{2}{3}$; la lame mince obtenue sera tangente à la lame hélicoïdale, et
produira un effet plus grand. Si je cherche la surface qui correspond à cet
élément superficiel tangent à l'hélice, j'obtiens $tg\varphi = r\dfrac{d\omega}{dy} = a = \dfrac{1}{\sqrt{2}}$ pour
expression générale ; d'où il suit que la surface $ay = \omega r$ paraît devoir donner
davantage que l'hélice pour la poussée P_2, à *égalité de surface*, quand
$a = \dfrac{1}{\sqrt{2}}$.

En opérant dans les mêmes conditions, mais à *égalité de projection* sur un
plan d'axe, on trouve que la surface favorable, avec toutes les restrictions du
sujet, est $y = \omega r$, c'est à dire que $a = 1$.

Si au lieu d'opérer sur l'équation relative au cas de $n = \rho$, on opère sur
les équations du mouvement, les résultats sont différents. En différentiant
l'équation générale, en omettant les facteurs inutiles, il vient :

$$r - \frac{3n}{\rho}\, tg\varphi - 2r\, tg^2\varphi = 0.$$

Cette liaison, pour le cas où l'on compare à égalité de surface, redonne bien $tg^2\varphi = \dfrac{1}{2}$ pour $n = o$. La surface favorable sera donc caractérisée par l'équation :

$$r - \frac{3n}{o} \cdot r \frac{d\omega}{dy} - 2\, r^3 \cdot \left(\frac{d\omega}{dy}\right)^2 = o.$$

En faisant disparaître le facteur r, et en appelant R une racine de cette équation, on aura $\dfrac{d\omega}{dy} = $ R, équation aux différences partielles qui conduit à la surface générale $\omega = y$ R $+$ Fr, Fr étant une *fonction arbitraire;* on en conclut :

$$r^2 \cdot (\omega - \mathrm{F}r)^2 + \frac{3n}{2o} (\omega - \mathrm{F}r) \cdot y - \frac{y^2}{2} = o.$$

pour équation de la famille de surfaces qui correspondent à l'équation différentielle. Dans l'hypothèse la plus simple, celle de F$r = o$, on a l'équation suivante :

$$r^2\omega^2 + \frac{3n'}{2o} \omega y - \frac{y^2}{2} = o.$$

Les sections de cette surface par des plans d'axe $\omega = \omega_1$ sont des hyperboles du second degré; la ligne d'origine, qui correspond à $\omega = o$, est tangente au sommet de la branche négative de toutes ces séries d'hyperboles. Les sections, par des plans normaux à l'axe, $y = y_1$, sont des spirales hyperboliques dont le dessin offre une analogie fort remarquable avec les courbes qui se dessinent dans les remous et à l'arrière des corps en mouvement dans l'eau, en tenant compte de la branche négative de la courbe. J'espère pouvoir prouver, d'ailleurs, que les *surfaces* des *ondes,* dans ce cas, sont des espèces de *cônes* à bases spirales hyperboliques. Ces dernières lignes permettraient facilement de construire pratiquement l'aile hélicoïdale d'après la forme caractérisée par l'équation. Un moyen simple, que j'ai utilisé, consiste à porter au dehors d'axes rectangulaires une longueur arbitraire prise pour unité, en portant sur l'axe vertical les longueurs des tangentes des diverses valeurs de φ, et en construisant la courbe $r = \dfrac{\dfrac{3n}{o}\, tg\varphi}{1 - 2 \cdot tg^2\varphi}$, r étant en abcisse; j'ai dessiné plusieurs variétés de cette courbe en comparant les inclinaisons avec celles qui proviennent de l'équation $r = \dfrac{t\varphi}{a}$, relative à l'hélice linéaire orthogonale.

Si au lieu d'opérer sur l'équation des pressions comparées à *égalité de surface,* on opère sur l'équation des pressions à égalité de *surface projection* en ry, les résultats sont tout autres. On est conduit, par la différentiation, à la liaison analytique :

$$\frac{n}{o} tg^3\varphi + rtg^2\varphi + \frac{2n}{o} tg\varphi - r = o.$$

Pour $n = o$, on retrouve bien $tg\varphi = 1.$, ou $y = \omega r$. Pour n quelconque, en supposant égale à zéro la *fonction arbitraire* introduite par l'intégration de l'équation aux différences partielles, on obtient, pour la surface, l'équation :

$$\frac{n}{\theta}\, r^3\omega^3 + r^2\omega^2 y + \frac{2n}{\theta}\, \omega y^2 - y^3 = o.$$

On voit que les sections par des plans d'axe sont des courbes du troisième degré, tandis que les sections par des plans normaux à l'axe sont des spirales hyperboliques du troisième degré. L'équation $r = \dfrac{\dfrac{n}{\theta}\, tg^3\varphi + \dfrac{2n}{\theta}\, tg\varphi}{1 - tg^3\varphi}$ sert à dessiner la courbe qui permettrait de construire facilement le modèle en bois qui devra servir à fabriquer l'aile motrice, en portant $tg\varphi$ en *ordonnées*, et r en *abcisse*.

Quant aux calculs d'intégrations que nécessiteraient les équations de surface, on peut les simplifier quelque peu en prenant $tg\varphi$ comme variable au lieu et place de r. C'est même par ce procédé que j'ai d'abord effectué tous mes calculs pour l'hélice ordinaire. Il est plus facile, en général, d'opérer sur des fonctions trigonométriques sous le signe d'intégration. Pour les fonctions que je viens d'indiquer, on est conduit à intégrer des fractions rationnelles dont le dénominateur est naturellement décomposé en facteurs simples, ce qui donne une succession d'intégrales faciles à obtenir.

Pour la pratique, c'est même un enfantillage que d'effectuer ces sortes de calculs, ou de proposer le maniement de formules longues et compliquées aux constructeurs pratiques. On construira son appareil comme s'il devait être donné par une *hélice linéaire orthogonale* $\omega = ay$; la puissance de rendement de la roue motrice en vitesse de translation sera un peu améliorée en faisant choix d'une surface favorable ; mais l'amélioration sera toujours d'un ordre en quelque sorte secondaire.

Pour clore cette étude analytique du phénomène mécanique des moteurs plongés, je dois insister sur cette dernière considération et résumer les conclusions principales : F désignant la puissance de la machine, en kilogrammètres, mesurée au *dehors de l'arbre*, indépendamment des flexions et des frottements contre les points d'appui et les presse-étoupes ; φ et r désignant, non plus des variables, mais ce que l'on peut appeler l'*inclinaison extrême* et le *rayon extrême*, on a :

$$n = \rho \cdot \frac{\theta r}{tg\varphi}, \text{ puis} \quad n = \sqrt[3]{\frac{\rho F}{K_1 S_1.}}\,; \text{ puis} \quad \rho = \frac{1}{1 + \sqrt{\dfrac{K_1 S_1}{K.L.y.r.C.}}}$$

C dépend de $tg\varphi$ quand il s'agit d'une hélice $\omega = ay$. Pour une autre forme, C sera susceptible d'un accroissement ou d'une diminution ; le diviseur de θr sera, non plus $tg\varphi$, mais un certain coefficient spécial à l'aile. En somme, un appareil préférable à l'hélice donnera quelque chose d'un peu mieux pour ρ et pour n, sans infirmer le sens général de ces liaisons qui permettent de résoudre tous les problèmes que l'on peut se proposer, par une première et sérieuse approximation.

Pour diminuer K_1 autant que possible, afin de pouvoir utiliser la plus faible machine possible à égalité de vitesse, on allonge les navires ou les ballons. Ce coefficient K_1 se compose de deux parties : l'une qui dépend des formes *avant*, l'autre qui dépend des formes *arrières*. En plaçant l'hélice à l'*avant* avec un arrière très fin, on diminue K_1 dans des proportions considérables. Cette situation de l'appareil moteur est d'ailleurs naturelle si l'on veut y réfléchir; c'est ainsi que le fer de la flèche est en avant. Il n'y a que des circonstances importantes et spéciales à la tenue du bâtiment à la mer, ainsi qu'à son utilisation militaire, qui puissent rendre préférable la situation arrière de la roue motrice. Dans ce cas même, elle doit être devant le gouvernail, sans quoi celui-ci ne fonctionnerait pas.

En faisant varier φ, on fait varier C et conséquemment ρ suivant une loi complexe. Lorsque n doit être faible, on prend $tg\varphi$ très grand, ce qui améliore le facteur ρ; lorsqu'on veut obtenir une grande vitesse n en ayant une machine à son gré, on peut sacrifier ρ en diminuant $tg\varphi$. Voici, comme exemple, trois cotes numériques qui permettront facilement aux constructeurs de faire un devis estimatif, sauf ensuite à préciser le calcul. En supposant $\rho = 0,50$ dans les trois exemples, ce qui exigerait des appareils différents, on aurait :

$$\text{Pour } \varphi = 35°\ldots\ldots n = \theta r.\,0,7\ldots\ldots\text{ou } n = \theta r.\,1,4.\,\rho.$$
$$\varphi = 45°\ldots\ldots n = \theta r.\,0,5\ldots\ldots\ldots n = \theta r.\,\rho.$$
$$\varphi = 55°\ldots\ldots n = \theta r.\,0,35\ldots\ldots\ldots n = \theta r.\,0,7.\,\rho.$$

$\rho = 0,5$ est une valeur médiocre; $\rho = 0,6$ est une bonne valeur; $\rho = 0,7$ est une valeur déjà élevée que l'on ne pourra obtenir que dans des conditions excellentes, conditions rarement atteintes pour les navires actuels. Avec les types que je propose, il est facile d'obtenir $\rho = 0,75$. Pour une donnée grossière, dans des circonstances assez bonnes, on pourra admettre :

$$n = \theta r.\,0,6 = \sqrt[3]{\dfrac{0,65.\,F.}{K_1\,S_1}}\,.$$

Ainsi, un *ballon* ou navire aérien, transporté avec une vitesse de 50 mètres par seconde, exigera que $\theta r = 84^{\mathrm{m}}$; en dehors de ce qu'un petit rayon r tendrait à diminuer ρ, on voit que θ et r varient en raison inverse l'un de l'autre; il faut donc de grands rayons pour avoir un grand sillage avec des vitesses de rotation modérées. En prenant $r = 15^{\mathrm{m}}$, il suffira de donner à la roue motrice une vitesse de 56 tours à la minute; pour $r = 10^{\mathrm{m}}$, il faudrait 85 tours. Quant à la machine nécessaire, elle dépendra de $K_1 S_1$; et l'on voit que la puissance des machines varie en raison inverse de la densité, ce qui nous ramène à cette affirmation : *à machine égale, pour formes semblables de corps à mouvoir*, les vitesses seront $\sqrt[3]{770}$ fois plus considérables dans l'air que dans l'eau, ou *plus de 9 fois plus grandes*.

L'amélioration du dénominateur de ρ porte sur les quantités K, L, y, r, C. On ne peut pas isoler K de K_1; ces deux nombres s'influencent. En dehors de ce fait, on peut accroître K en incurvant légèrement les ailes motrices dans le sens de la rotation; on peut encore l'accroître en brisant l'aile par des jours qui brisent la forme hydrodynamique qui se substitue à l'aile. Il y a plus, il ne m'étonnerait pas que des barreaux droits perpendiculaires à une tige normale à l'arbre, ces barreaux ne faisant point surfaces consécutives, mais offrant une succession discontinue de pales plates étroites laissant entre elles des jours obliques, il ne m'étonnerait pas, dis-je, que cette aile n'eût un effet préférable à celui de l'aile d'une pièce, tout au moins pour le coefficient K; on aurait alors une véritable aile de moulin à vent. Cette réflexion est bien loin d'être une affirmation; mais elle me paraît de nature à préciser le sens du sujet. On voit que l'influence de L et celle de y, sauf les restrictions admises pour L, nombre des ailes, restrictions qui portent sur la variation de K, est théoriquement la même. Un grand rayon joue aussi un rôle analogue dans la valeur de ρ; mais r a encore une autre influence plus précieuse sur la vitesse, en permettant de diminuer θ ou N. En somme, L.y.r. représente la surface mouvante normale à la rotation. C dépend de la forme de l'aile. Dans le cas de l'hélice linéaire orthogonale, C croît avec $tg\varphi$; pour d'autres surfaces motrices, C a une valeur différente. De grandes valeurs pour $tg\varphi$ semblent défavorables à la vitesse $n = \rho \cdot \dfrac{\theta r}{tg\varphi}$; mais il s'agit, avant tout, d'améliorer ρ, pour produire un plus grand effet avec une moindre machine; ensuite on choisira θ plus ou moins grand, pour contrebalancer l'influence de $tg\varphi$. L'exemple numérique $n = \theta r.o,7.\rho$ peut donc être préférable, en tant qu'effet utile, à l'exemple $n = \theta r.1,4\rho$.; dans le premier cas, θ devra être deux fois plus grand que dans le second cas.

Le rapport ρ est toujours plus petit que 1; ρ ne peut égaler 1 qu'autant que la résistance à vaincre $R = K_1 S_1 n' = o$, ou que $K_1 S_1 = o$. Si une force motrice étrangère s'ajoute à l'effort de l'appareil, ce sera comme si l'on diminuait la résistance, et ρ augmente; si la force étrangère à elle seule équilibre R, alors $\rho = 1$, et $n = \dfrac{\theta r}{tg\varphi}$: la machine de l'appareil ne produit pas de travail; si la force extérieure dépasse la valeur de R, qui se concilie avec le moteur, c'est alors la machine qui reçoit.

Si un bâtiment marche avec une vitesse n, son hélice étant affolée, la vitesse de rotation $\theta = \dfrac{n.tg\varphi}{r.\rho}$, équation qui permet de déterminer empiriquement le facteur $\dfrac{tg\varphi}{\rho}$ qui caractérise l'appareil au point de vue de la vitesse.

Ainsi, en substituant à l'aile motrice, par la pensée, une hélice linéaire orthogonale $\omega = ay$ tangente à la surface de l'aile, on pourra représenter à peu près le phénomène du mouvement par les équations simples qui conviennent à $\omega = ay$, sans avoir besoin de recourir à des calculs compliqués dont le degré de précision n'est pas en harmonie avec la nature du sujet. On note d'ailleurs que les bonifications apportées par des formes à maxima ne jouent qu'un rôle, non pas nul ou insignifiant, mais secondaire.

§ XIV. — Sur les forces motrices et leur utilisation.

Je vais présenter quelques brèves considérations qui me paraissent liées d'une manière trop intime au sujet que je traite pour pouvoir être entièrement supprimées.

On sait que l'équation du travail mécanique est : $Tu = Ta + Tp$, que l'on peut écrire : $Tu = f.Ta$, f étant le *facteur de rendement* toujours plus petit que *un*, qui exprime la transformation du *travail actif* ou *total*, en *travail utile*. En désignant par p, et p' les *poids* ou efforts qui donnent lieu aux *chemins* H et H', on a de la même manière $p'.H' = f.pH$; pour des vitesses uniformes proportionnelles aux chemins faits, on a encore $p'v' = f.p.v$. Pour des mouvements variés, les liaisons sont différentielles; on en prend la *moyenne* sur toutes les parties agissantes des appareils mécaniques. Le calcul *intégral* a précisément pour résultat de donner la *somme* ou la *moyenne* de *grandeurs successives* et variant suivant une certaine loi. La liaison $p'.v' = f.p.v$, sous cette forme ou sous la forme équivalente des *forces vives*, *intégrale* ou *différentielle*, donne lieu à un *appareil de transmission* défini par $p.v$, et à un *appareil de réception* défini par $p'v'$. On peut retourner le sens de l'appareil et l'utiliser à l'*envers*, si l'on peut s'exprimer ainsi. En général, un appareil favorable dans un sens sera défavorable dans l'autre. On cherche à utiliser des appareils de transmission qui procurent un facteur f le plus favorable possible. Les bonnes machines donnent de 60 à 80 %, et le but des progrès à accomplir dans chaque genre d'appareil consiste à rechercher les moyens d'améliorer ce facteur de rendement. Ces notions datent de ce siècle, on peut le dire. Quoique très connues, elles ne sont pas encore assez vulgarisées, si l'on en juge par les tentatives d'inventeurs ingénieux qui gaspillent leur intelligence à produire des mécanismes théoriquement bons, mais impossibles dans la pratique, par suite de l'infériorité de f. La science humaine est tellement jeune, que l'on a le droit d'attendre énormément de l'avenir.

Lorsque l'on possède, soit théoriquement, soit expérimentalement, une autre relation entre les travaux ou entre les poids, cela permet de conclure le rapport des vitesses de la *réception* à la *transmission*.

Pour produire de grands effets avec de faibles poids, on opère sur de grandes vitesses. Les appareils qui permettent de transformer une *vitesse* en une autre *vitesse* différente en *intensité* et en *direction*, peuvent servir de définition à la *cinématique* toutes les fois que les appareils sont rigides, c'est à dire quand ces appareils permettent de permuter la réception et la transmission; ainsi, la *caliorne* ou *moufle* n'appartient pas, à proprement parler, à la cinématique, puisque l'on ne peut pas transformer la *traction* en *pression*. Les *roues dentées*, les *bielles*, les *excentriques*, les *manivelles*,.... permettent le renversement du sens des vitesses. Je reviendrai tout à l'heure sur ce que l'on peut appeler la *cinématique naturelle*.

La force naturelle la plus simple est donnée par la chute d'un *poids d'eau* tombant d'une hauteur H, en acquérant la vitesse $V = \sqrt{2gH}$. Cela donne lieu aux différents types de machines hydrauliques qui ne sont réellement bien connues et bien conçues que depuis les travaux de M. Poncelet. Parmi ces machines, la *turbine* de M. Fourneyron, la meilleure peut-être, ne date pas de trente ans. L'équation de son *travail* conduit à la relation $\theta r = f.\sqrt{2gH}$, θ étant la vitesse de rotation, et r le rayon de la roue formant turbine (*).

En opérant sur un très petit poids d'eau doué d'une énorme vitesse, on peut obtenir des effets considérables. On arrive à ce résultat par l'intermédiaire de ce que j'appellerai un procédé de *cinématique naturelle :* par l'intermédiaire de la chaleur. Dans un sens à peu près analogue, on a pu dire avec élégance que la machine à vapeur était un appareil à *chute* de température. On utilise les très grandes vitesses qui résultent du jeu de la chaleur, en les recueillant par l'intermédiaire d'un piston qui se meut dans un cylindre, en produisant ainsi un mouvement rectiligne alternatif, que l'on transforme à son gré, à la suite, par les procédés de cinématique. Le cylindre étant la surface engendrée par un cercle qui se meut suivant une ligne droite qui lui est perpendiculaire, c'est à dire suivant une circonférence d'un rayon infini, on peut admettre un cylindre conducteur du piston à forme de *tore*, ou en forme de couronne cylindrique; cela donne lieu à des variétés de formes très intéressantes en tant que théorie, et qui ne paraissent pas appliquées; cela permet de constituer des machines qui ne diffèrent en rien des premières par leur mode d'effet, mais qui donnent immédiatement un mouvement circulaire alternatif. Le piston est alors un anneau circulaire, et l'appareil a quelque analogie avec une pompe de Brama. On peut encore collectionner la vitesse de la vapeur en dirigeant un jet sur des palettes de roues à aubes au moyen d'un coursier; ou bien en dirigeant le jet de vapeur sur une roue en forme d'hélice, comme dans le cas d'un *moulin à vent,* en remplaçant le vent par la vapeur, et en fermant le tout dans un cylindre; ou bien en faisant évacuer la vapeur par les orifices d'une *turbine.* Dans ces derniers cas, on obtiendrait immédiatement le mouvement rotatoire continu sans intermédiaire d'organes de transformation. Dans tous les cas, on additionne les pressions qui résultent de la vitesse dont est doué un faible poids d'eau, au

---

(*) La turbine peut fournir un exemple intéressant pour le retournement de l'appareil. Si l'on donne à la roue, par un effort extérieur, une vitesse θr, l'eau ne sortira pas; si l'on donne une vitesse plus grande, l'eau remontera. On peut donc faire avec une turbine une nouvelle machine élévatoire dont le caractère original consiste en ce que l'on n'utilise pas la pression atmosphérique. Ce genre de pompe ne pourrait pas s'utiliser dans les incendies, par exemple, comme machine à projection d'eau. Comme pompe à feu, ou machine d'alimentation pour une ville, elle pourrait s'utiliser. Son inconvénient consisterait dans la grandeur des vitesses de rotation qu'il faudrait donner à la roue pour produire une élévation H; au dessus de $H = 2g$, cette machine serait avantageuse, sauf, je le répète, l'inconvénient pratique de grandes vitesses rotatoires. Cette turbine élévatoire se composerait, en principe, d'un disque plat circulaire, de rayon r, monté sur un arbre creux; l'arbre ou axe reposerait, non pas sur une crapaudine, mais sur une *butée à roulement* dont je parlerai plus loin; le disque serait sillonné dans son épaisseur par des tubes qui aboutiraient tangentiellement à la circonférence extérieure. Lorsque le disque tourne, l'eau monte dans l'axe creux à une hauteur $H = f.\dfrac{\theta^2 r^2}{2g}$. Une collerette qui termine le haut du tube sert à verser l'eau dans un bassin formant une couronne cylindrique, et dont le noyau évidé fait passer l'arbre en le maintenant par une butée horizontale de roulement. J'indique ce genre d'utilisation nouveau de la turbine comme exemple de permutation entre les deux sens d'un mécanisme. Si l'on croyait pouvoir appliquer ce genre de pompe élévatoire, il y aurait lieu de formuler complètement la théorie de son *travail mécanique* ou de son rendement; la pratique déciderait ensuite en dernier ressort.

moyen d'une surface qui effectue une véritable *intégration naturelle*. De toutes les nombreuses dispositions que l'on peut donner à la surface *intégrante*, celle-là sera préférable qui *intégrera* le mieux, ou qui donnera un facteur *f* de rendement plus élevé. J'ai fait les croquis de détails et les calculs pour ces différents types; le cylindre droit ordinaire paraît préférable.

Sous cette forme élémentaire, j'ai basé toute une théorie des machines à fluides; et j'espère pouvoir, plus tard, la rendre digne d'être soumise au jugement du public compétent. Les équations du § III ne sont qu'un cas particulier de celles que j'utilise pour reprendre à nouveau la mécanique des fluides; on a ainsi *des machines à intégrer des vitesses*.

La machine à vapeur est toute moderne; on est en droit d'attendre encore de nombreux perfectionnements; elle offre un précieux exemple de cette grande et générale vérité de la division du travail, de la séparation des fonctions, des organes, des puissances, des pouvoirs. Les grands progrès réalisés par Vatt, et tous les progrès ultérieurs, sont compris en entier dans cet ordre d'idées. Chaque partie de la machine doit être un organe en quelque sorte isolé, ne satisfaisant qu'à un seul rôle. Si l'on examine plus particulièrement l'organe qui utilise les *calories* du combustible pour douer l'eau d'une grande vitesse sous forme de vapeur, on a quelque chose d'analogue aux *surfaces digestives* des êtres organisés. Dans le bas de l'échelle des êtres, on a seulement des tubes digestifs; plus on monte dans cette échelle, plus la *surface d'absorption* s'accroît : depuis la *marmite* chauffée par le fond seulement jusqu'aux chaudières *tubulaires*, on reconnaît un progrès du même ordre. L'eau étant mauvais conducteur, et ne s'échauffant, dans ses parties éloignées du feu, que par l'effet du bouillonnement, on a dû accroître la *surface de chauffe*, ou surface *d'absorption calorifique*, ou surface de séparation entre l'eau et le feu; les volumes et les surfaces de cylindres de même hauteur ont

un rapport égal à $\dfrac{R}{2}$, R étant le rayon de base. La multiplication des

bouilleurs et leur limite en *ténuité* doit donc être aussi exagérée que possible, sauf les restrictions qui tiennent à la résistance des métaux. Actuellement, on n'a pas dépassé, que je sache, des diamètres de 0^m05, et les tubes ne perçoivent que les *calories* dégagées par la flamme, ou par les gaz des foyers. Sans m'arrêter à quelques dispositions pratiques que je serais heureux de voir essayer pour augmenter l'absorption des *calories* du combustible, j'arrive à une forme de chaudière qui me préoccupe depuis plus de dix ans, sans que les circonstances m'aient permis d'entreprendre des expériences. J'y attache une telle importance, que j'eusse pris un brevet, si je ne trouvais puériles et immorales les réclamations de priorité qui ne se basent pas sur des expériences précises et sur une utilisation. D'ailleurs, je n'affirme rien avant la sanction de l'expérience. Voici le principe de cette chaudière, avec une seule des dispositions, parmi plusieurs, qui me paraîtraient pratiques :

Les fourneaux ont une forme cylindrique, et sont alimentés par les flancs; le coffre à vapeur est au dessus, entretenu à une température supérieure à celle qu'exige la tension de la vapeur incluse. Cette tension atteindrait 12 ou 15 atmosphères. Des *tubes de platine* de 0,03 centimètres de diamètre, très épais, sont placés dans la longueur du fourneau, en plein foyer; ils communiquent par un bout, au moyen d'un conduit, au coffre à vapeur; ils sont à une température du rouge-blanc; par l'autre extrémité, ils communiquent à un coffre à eau par l'intermédiaire d'un appareil d'injection qui projette l'eau, larme à larme, d'après un jeu gradué. Chaque *tube de platine* a son injecteur, *véritable petite seringue*, isolé. Des *touches* analogues à celles d'un cornet à piston règlent le mouvement de chaque petite injection. Des dispositions spéciales permettent de condamner un tube et de le changer, en cas d'avarie. On produit ainsi, *molécule à molécule*, une vapeur spéciale à une tension énorme; et cette vapeur se conserve dans le coffre à vapeur, pour s'évacuer ensuite dans l'appareil moteur. Les machines seraient à haute pression; la vapeur évacuée retournerait dans un appareil spécial, pour être décomposé en un courant d'hydrogène qui serait lancé dans le foyer. On utiliserait ainsi le pouvoir calorifique du corps qui dégage le plus de *calories*. Si je ne me trompe, l'hydrogène a une puissance de chaleur égale à près de quatre fois celle de la houille. D'après des calculs hypothétiques, et auxquels je n'accorde aucune créance jusqu'après le contrôle de l'expérience, on arriverait à alimenter une machine d'une force de ..... avec un poids de combustible qui ne serait pas le *cinquième* du poids actuellement exigé. Ce serait énorme. Les navires actuels, avec leur tonnage élevé, ne peuvent guère contenir dans leurs soutes pour plus de dix à quinze jours de combustible, si l'on marche toujours à la vapeur. Cet inconvénient est encore plus grave que l'inconvénient de la dépense. Si la navigation aérienne doit avoir lieu, et que la vapeur soit la force motrice préférable, cette diminution dans le poids du combustible et dans la dimension des foyers acquiert une importance capitale. Alors l'emploi de la *turbine*, comme appareil d'*intégration de la vitesse* de la vapeur, semble préférable pour de nombreux motifs; l'un d'eux provient de ce que la roue héliçoïdale motrice pourrait servir à deux fins, comme je l'ai dit au § II. On n'aurait pas alors d'engrenage de *transmission*, puisque l'on n'aurait jamais à reculer, chose nécessaire dans la locomotion maritime.

Si l'on utilise la chaleur pour douer d'une grande vitesse un fluide gazeux quelconque, l'air ou tout autre, on aura, comme précédemment, des appareils pour *additionner* ou *intégrer* les vitesses produites, la grandeur de ces vitesses compensant la petitesse du poids dans l'évaluation du travail mécanique. Ce travail dépendra toujours du cube de la vitesse et de facteurs plus ou moins favorables suivant la nature du fluide en jeu; la théorie ne fait intervenir la température que comme un coefficient de vitesse spéciale à chaque gaz. Il semble que le fluide *vapeur d'eau* est le plus avantageux pour utiliser la *température* qui doit produire la *vitesse* agissante.

Un réservoir de gaz comprimé donne encore lieu à une vitesse d'évacuation dont on peut utiliser le travail; le fusil à vent est un appareil de ce genre. Tous les gaz ne sont point propres à ce rôle sans l'aide de la température; aussi, l'acide carbonique à la pression de 80 atmosphères ne produit pas de travail à la sortie; ce gaz se solidifie par la réfrigération due à la vitesse d'écoulement.

Les matières chimiques dont la composition contient des gaz sont de véritables réservoirs de gaz comprimés, et en dégageant ces gaz par changement d'état du corps, on a la possibilité de produire un travail mécanique dont l'intensité dépend de la vitesse de dégagement. Parmi ces matières chimiques, on peut citer en première ligne les *fulminants* et les *poudres*, dont la décomposition se fait d'une manière très brusque. Jusqu'ici, on n'a utilisé ces réservoirs gazeux que d'une façon *intégrale* pour produire des chocs destructifs et pour lancer des projectiles. L'avenir est en entier dans l'utilisation *différentielle* de ces énormes puissances dynamiques concentrées sous un petit volume. C'est par *trillons* de kilogrammètres que l'on doit estimer la puissance mécanique renfermée dans une *tonne* de poudre. Je trouve, par exemple, qu'en utilisant seulement *un* pour *cent* de la poudre, soit poudre ordinaire, soit fulmi-coton, ce qui présente une différence, qu'une machine à vapeur de 1,000 *chevaux métriques* serait alimentée pendant un *jour* par deux *tonnes* de poudre! Alors, la *turbine* serait un excellent appareil *pour intégrer les vitesses,* et peut-être ce serait le meilleur. Depuis de longues années, je cherche à entreprendre des expériences dans cette voie féconde; j'ai installé plusieurs sortes d'appareils pour produire le dégagement gazeux en quelque sorte *larme à larme,* de même que la pression qui donne l'effort de la Presse hydraulique. La navigation aérienne devient facile si l'on réussit à utiliser en travail mécanique, par un appareil collecteur, la vitesse énorme qui résulte de la déflagration graduée de la poudre. Un navire maritime pourrait avoir dans ses soutes des provisions pour trois mois de voyage. Quant aux *forces* en elles-mêmes, on peut remarquer qu'une machine de 100 chevaux ou de 7,500 kilogrammètres était quelque chose de prodigieux il y a vingt ans; 1,000 chevaux aujourd'hui sont un chiffre imposant. Avant vingt ans, on substituera dans le langage vulgaire la *tonne* au *kilogramme* pour exprimer les efforts, et l'on parlera de 10,000 chevaux métriques comme de 1,000 en ce moment, ou du moins cela est plus que probable.

Eh bien! tous les composés quaternaires gazeux, les éthers, les corps gras, les alcools, les sels d'ammoniaque, entre autres le chlorhydrate d'ammoniaque, et surtout l'azotate d'ammoniaque, sont de véritables réservoirs de gaz comprimés ou des magasins de force motrice, dont il s'agit, comme pour les poudres, de produire la décomposition de façon à pouvoir utiliser et additionner les vitesses de dégagement des gaz constituants.

Parmi les corps à éléments de composition gazeuse, l'*eau* est un des principaux à considérer. On sait que la plus puissante des forces naturelles dont l'homme ait actuellement connaissance est ce que l'on entend par *vapeur instantanée;* on redoute la production de cette force comme un danger terrible et impossible à dominer; l'homme recherche la *puissance* à la condition de pouvoir la régler, la maîtriser, la diriger; sinon, la puissance est un fléau d'autant plus redoutable, qu'elle est plus exagérée. Sur cette question de la *vapeur instantanée,* personne n'est d'accord, *tot homines, tot sententiæ;* on a été jusqu'à y voir un résultat dit *d'électricité en boule.....* En admettant, comme hypothèse que je ne prétends point justifier, que l'on se trouve simplement en présence d'une décomposition instantanée de l'eau, ou, en d'autres termes, que l'eau ne soit alors qu'une *poudre en déflagration,* un réservoir de gaz qui se décomprime brusquement, on arrive à estimer à 5 ou 6,000 atmosphères la puissance de pression due à ce genre de force!! Les vitesses variant comme les racines quarrées des pressions, on se trouve conduit à des chiffres effrayants, quelque chose comme 25,000 mètres par seconde, mais qui ne semblent pas incompatibles avec les efforts destructifs que l'on a pu observer. Plus encore que pour la *poudre* ordinaire, ou bien pour la

xyloïdine, je crois que l'avenir appartient à l'utilisation de cette puissance, dite actuellement de *vapeur instantanée.* Les chaudières à bouilleurs de platine dont j'ai parlé cherchent à produire ce genre de force motrice d'une façon *différentielle* ....
....

En examinant, dans son ensemble, le système présenté par la locomotion mécanique au sein des fluides, on voit que l'on opère, en premier lieu, sur un fluide dont les particules sont douées de très grandes vitesses. On collectionne, on additionne, on *intègre* les pressions dues à ces vitesses par le moyen d'un appareil spécial qui donne lieu à un mouvement rectiligne alternatif, ou à un mouvement circulaire alternatif, ou à un mouvement circulaire continu; les vitesses dont le fluide moteur est doué proviennent de la chaleur ou d'une compression soit naturelle, soit artificielle. On utilise ensuite le mouvement produit en le transformant par des mécanismes de cinématique en mouvement d'un dernier appareil qui agit au sein du fluide où la propulsion doit s'accomplir; ce dernier appareil produit, en dernier ressort, une vitesse de réaction qui donne lieu à la locomotion. L'*appareil collecteur* des vitesses motrices est identique, comme rôle et comme effet, à l'*appareil terminal* qui donne lieu à la vitesse de propulsion. En supprimant les intermédiaires par la pensée, on a un fluide moteur doué d'une vitesse V qui donne lieu à une réaction sur le fluide au sens duquel doit s'opérer la translation en donnant lieu à une vitesse n; le rapport définitif $\dfrac{n}{V}$ indique le facteur définitif ou l'ensemble de l'utilisation de la vitesse motrice. Ce facteur est actuellement compris entre $^1/_{100}$ et $^1/_{1000}$, ce qui prouve les progrès que l'on est en droit d'espérer. L'appareil *récepteur* ou *collecteur* des vitesses motrices est identique, ai-je dit, à l'appareil *propulseur* ou producteur de la vitesse reçue, en permutant la *réception* en *transmission,* et *vice-versâ.* Cette permutation donne lieu à des facteurs de rendement qui sont favorables dans un sens quand, en général, ils sont défavorables dans le sens opposé. Le piston qui se meut dans un cylindre droit paraît être le meilleur appareil d'intégration pour les vitesses motrices quand on veut obtenir des vitesses lentes. Pour des mouvements rapides, la *turbine* paraît préférable, et c'est elle que l'on choisira pour l'air, en supprimant ainsi tous les mécanismes intermédiaires. Pour l'appareil terminal, on peut admettre que la roue *hélicoïdale* est la plus avantageuse pour donner de grandes vitesses, parmi les appareils entièrement plongés.

Pour préciser par un exemple, je vais examiner le mouvement rectiligne alternatif d'un piston qui se meut au dehors d'un navire ou d'un ballon par la rentrée et la sortie alternatives de la tige de ce piston. Ledit piston aura, je suppose, la forme d'un angle dyèdre dont l'arête sera normale à la tige, ou bien d'un parapluie dont la tige sera le manche; le dyèdre ou le parapluie pourront se refermer en partie dans le mouvement de retour. Soit S la surface de la section par un plan perpendiculaire à la tige ou au mouvement, et K le coefficient de résistance; soit S_1 la section quand le dyèdre ou le parapluie est fermé en entier ou en partie, et K_1 le coefficient correspondant de résistance; n, V, K_1, S_1 ayant les significations du mémoire, on aura pour *équation des résistances,* quand le mouvement se produit sur l'avant, la face S étant tournée du côté du navire ou du ballon, et quand ce mouvement est devenu uniforme :

$$K_1 S_1 n^2 = KS (V - n)^2 - K_2 S_2 (V + n)^2.$$

Un appareil situé sur l'arrière donnerait les mêmes résultats en renversant l'orientation de cet appareil.

Le rapport $\dfrac{n}{V}$ du mouvement n de translation au mouvement V rectiligne alternatif de la tige sera donné par une équation du second degré. Un appareil de ce genre serait certainement applicable, et plus avantageusement à l'avant qu'à l'arrière à cause du fluide d'entrainement qui suit le corps propulsé, quelque fin que soit ce corps; mais il est difficile d'obtenir dans la pratique de grandes vitesses rectilignes alternatives; le piston de la machine serait une *crémaillère* simple agissant sur un système d'engrenages multiplicateurs de vitesse, afin de revenir à une autre *crémaillère simple* qui formerait la partie intérieure de la tige motrice. Tout ce que l'on pourrait faire, je crois, ce serait d'obtenir une vitesse de 6 mètres par seconde pour cette tige motrice, et cela donnerait, en définitive, une vitesse de 3 à 4 mètres par seconde. En présentant ce résultat, mon but n'est pas de proposer une application pour cette sorte de propulseur; l'équation précédente, sauf des facteurs spéciaux, est précisément l'équation de l'*aile* et de la *nageoire*. On voit que pour $n = o$, pour soulever un poids P, on aurait $P = (KS - K_2 S_2) V^2$. En admettant des formes analogues à l'*élytre* du hanneton, ou à deux *dyèdres* symétriques, ou à deux *parachutes* ou *parapluies* doués d'un mouvement circulaire alternatif produisant la vitesse V; cette équation serait l'expression *différentielle* du phénomène, et elle donnerait lieu à une forme analytique du même ordre pour son intégrale. En choisissant des formes favorables, on pourra écrire en nombres ronds et grossiers : $P = 0,09. S. V^2$ pour exprimer la puissance de soulèvement. On voit que ce genre d'appareil, à *vitesse égale* et à *surface égale*, est bien supérieur à l'*hélice*, puisque le coefficient 0^k09 est plus que quadruple du coefficient 0^k02 spécial à la roue hélicoïdale. L'avantage de cette dernière consisterait simplement à pouvoir augmenter la vitesse à volonté, mais au détriment du travail mécanique qui s'accroît dans le rapport du cube de cette vitesse. L'*aile* est préférable à l'hélice pour la sustension. Pour procurer de grandes vitesses, l'*hélice* me paraît le meilleur des appareils plongés.

J'ajoute une autre réflexion relative à la vitesse. Le poisson est plus puissant que l'oiseau; les poissons rapides parcourent 12 à 15 mètres par seconde; à égalité de force et à égalité de forme, l'oiseau devrait aller neuf fois plus vite. Or, les plus rapides des mécanismes aériens ne franchissent pas 50 à 60 mètres par seconde. L'appareil moteur aérien, en tenant compte de la densité des fluides, est très inférieur en étendue à l'appareil moteur du poisson.

On peut se demander s'il ne serait pas possible d'utiliser immédiatement la *vitesse d'évacuation* du fluide moteur par la *force de recul*. En réalité, c'est cette force qui agit sur la *turbine*, cette turbine servant d'appareil en quelque sorte multiplicateur pour utiliser le plus possible la vitesse motrice. Il est certain qu'un orifice d'évacuation, situé à l'arrière d'un ballon à forme de *navire fin*, donnerait lieu à un recul produisant une vitesse *n*, soit que l'on opère sur de la vapeur évacuée ou sur des gaz de poudre. On aurait véritablement une fusée horizontale. Cette force de recul, à la condition d'être continue, a permis d'installer dans un sens analogue un système particulier qui a été essayé sur des bateaux de rivière : le bateau est traversé de bout à bout par un tube; un piston pompe l'eau sur l'avant et la recrache à l'arrière; l'eau est ainsi transformée en une véritable *chaîne liquide de touage*. On voit que le navire doit marcher, mais que ce mode de locomotion ne peut donner lieu qu'à des vitesses très lentes, inférieures à la vitesse du piston faisant pompe.

. . . .

A la suite de ces explications extrêmement condensées, tronquées autant que possible, et que je reprendrai plus tard avec toute l'ampleur nécessaire, je vais indiquer quels sont, à mon sens, les essais que l'on peut tenter pour améliorer les sillages maritimes, et pour obtenir la locomotion aérienne, ces deux questions étant inséparables, comme je l'ai dit.

§ XV. — Essais à tenter pour la marine.

La locomotion mécanique maritime date de cinquante ans à peine; il n'y a pas vingt ans que l'on utilise les moteurs entièrement plongés. Dans cette période de temps si courte, des progrès considérables ont été accomplis. Quels que puissent être les progrès nouveaux que l'on est en droit d'attendre de l'avenir, le grand nombre d'hommes distingués et compétents qui s'occupent de ces matières doit imposer une excessive réserve à ceux-là qui proposent des modifications dans le but d'améliorer les sillages actuels.

Dans la marine, la condition d'obtenir de la vitesse n'est pas la seule condition à laquelle doivent satisfaire les navires; il faut que le navire ait de la tenue à la mer pour résister aux chocs de la lame; il faut de la stabilité de forme, de la stabilité de poids, de la stabilité dynamique, trois choses distinctes; il faut un tonnage marchand; il faut, pour les bâtiments de guerre, d'autres conditions spéciales au jeu de l'artillerie..... Toutes ces exigences restreignent le problème des vitesses à des limites que je crois atteintes aujourd'hui à fort peu près. Avec des navires devant satisfaire à des conditions de navigation mixte et autres, je ne crois pas que l'on arrive à dépasser 12 ou 15 nœuds; le progrès principal consiste dans l'amélioration des machines, sous le double rapport de la force motrice intrinsèque, et du poids de cette force motrice emmagasinée sous forme de combustible ou sous forme de poudre.

Si on pose le problème théorique de la vitesse maxima à atteindre par des navires où tout est sacrifié à l'obtention de cette vitesse, en dehors de toute espèce d'utilisation marchande ou militaire, il est possible d'obtenir des sillages de 20 à 25 nœuds. Je vais examiner brièvement ce problème. J'ai fait les calculs et les croquis pour une série de navires que j'appelle des *rapides*; les difficultés d'impression m'interdisent la possibilité de reproduire les croquis; les indications sommaires que je vais exposer suffiront d'ailleurs à tout constructeur qui voudrait faire un plan définitif sur les mêmes bases.

On a vu que : $\quad n = \rho \cdot \dfrac{\theta.r}{t}\quad$ t étant un facteur spécial à la forme de l'aile motrice; dans le cas de l'hélice linéaire orthogonale, $t = tg\varphi$, φ étant l'angle qui correspond au rayon extrême.

On a vu que : $\quad \rho = \dfrac{1}{1 + \sqrt{\dfrac{K_1 S_1}{K.L.y.r.C}}}\quad$ C étant un facteur spécial à la forme de l'aile; dans le cas de l'hélice linéaire orthogonale, j'ai donné une table des C de 5° en 5°. — Pour d'autres formes de surfaces mouvantes, cette valeur de ρ ne peut plus convenir que d'une manière approchée, C étant alors, en quelque sorte, un facteur empirique.

On a vu que : $\quad F = \dfrac{K_1 S_1 n^3}{\rho} \cdot$ — et cette valeur suffit pour les calculs, sans que l'on ait besoin de se servir de la formule $F = T_1$, qui revient au même.

Je n'ai pas les documents nécessaires pour faire une table des valeurs de ρ pour les navires actuels de la flotte; je crois pouvoir dire que ρ est inférieur à 0,6, et même à 0,5; avec les moyens que je propose, on pourra élever ρ à 0,75, ce qui sera une amélioration considérable.

Les facteurs K_1 et K, facteurs hydrodynamiques des formes fluides qui se substituent au corps plongé ainsi qu'à la surface mouvante, sont spéciaux à chaque nature de navire et à chaque nature d'appareil; c'est par eux seuls que la théorie entièrement neuve que je soumets au public se trouve avoir un caractère empirique, caractère restreint, et qui ne change rien aux principes généraux de cette théorie. Pour de bonnes formes et de bons appareils, on peut hardiment accepter que $\dfrac{K_1}{KC.} = \dfrac{1}{20}$ au plus bas mot; alors le radical de ρ porte sur $\dfrac{S_1}{20.L.r.y.} \cdot$ En admettant $r = 7$, $y = 1$, $L = 4$, ce dernier chiffre satisfaisant aux limites exigées, eu égard à la grandeur du rayon, on a $\dfrac{S_1}{560}$ pour valeur de la quantité sous le radical. On voit que cet appareil moteur suffirait à donner $\rho = 0,5$ pour un navire de 560 mètres de surface plongée! Cette valeur de ρ serait très médiocre, et il n'entre pas dans ma pensée de songer à réaliser un type aussi inouï et aussi ridicule d'énormité que celui qui résulterait de $S_1 = 560$, avec une longueur en proportion; cela dépasserait 100,000 tonneaux, et exigerait une machine de 40 à 50,000 chevaux métriques pour filer 20 nœuds; l'appareil moteur et son support résisteraient difficilement à leurs moments de rupture. On voit qu'un appareil de ce genre suffirait à faire marcher le *Great-Estern;* dans ce cas, avec le même appareil, ρ serait au moins de 0,6; on pourrait prendre un rayon $r = 10$ mètres, ce qui donnerait $\rho = 0,7$ au moins. Pour $S_1 = 140$ mètres, on aurait $\rho = 0,67$, valeur acceptable; le navire serait gigantesque encore, plus de 10,000 tonnes. Pour $S_1 = 62$ mètres, on aurait $\rho = 0,75$; en donnant 9 mètres de creux, 80 à 90 mètres de longueur, on aura une jauge de 2,700 tonneaux, d'après la forme que j'adopte. Avec une machine suffisante, en supposant que $t = 1,2$, $\rho = 0,75$, on aurait $n = 0,63.\theta r.$; il suffirait de donner 30 tours à la minute pour que $n = 13$ mètres, ou 26 nœuds environ. On voit qu'un grand rayon r donne deux avantages : un accroissement de la valeur de ρ; puis la possibilité de marcher rapidement avec des vitesses θ de rotation assez lentes, ce qui est un très grand avantage; les mécanismes rapides sont toujours inférieurs aux mécanismes lents.

Des appareils moteurs de ce genre ne peuvent pas être adaptés à l'arrière d'un navire à moitié hauteur; ils doivent être disposés le plus bas possible, à 0^m5 au-dessus de la quille. En admettant un minimum de 9 mètres pour tirant d'eau, on voit que l'on ne pourrait naviguer que dans les eaux profondes donnant au moins 17 mètres de brassiage; on devrait retirer l'appareil avant d'entrer dans un port, et ne replacer l'appareil qu'en haute mer. J'ai cherché les installations qui seraient nécessaires pour disposer à l'arrière d'un bâtiment une roue motrice héliçoïdale ayant le double du tirant d'eau, moins un mètre. Ces installations sont relatives :

1° — A la disposition de l'étambot arrière qui doit porter le gouvernail, et qui est alors soutenu à sa base par l'arbre lui-même avec un mécanisme assez simple et suffisamment résistant;

2° — A la possibilité, une fois au large, d'installer l'appareil moteur à quatre ailes, par un moyen convenable de descente et de guide qui assure l'opération;

3° — A la possibilité, avant de rentrer au port, de retirer l'appareil moteur, sans le faire passer par un puits, ce qui serait impossible à cause des ailes, et de faire ressortir l'arbre pour tenir en place l'étambot arrière ou support du gouvernail.

Je n'insisterai pas en ce moment sur ces détails : c'est une proposition que je ferai à la marine pour essayer des expériences sur un vieil aviso destiné à être prochainement condamné. En supposant 4 mètres de tirant d'eau, on pourra installer un appareil de 6 mètres de diamètre, avec une dépense de quelques milliers de francs; l'augmentation du sillage, avec la même machine, par le seul fait de l'accroissement de ρ, et par la possibilité de donner à θ une petite valeur, suffira pour justifier mes propositions suivantes, et on pourra se décider alors à construire l'un des *rapides*.

J'ai fait les croquis de sept numéros différents, ayant tous une longueur égale à dix à douze fois leur largeur, et ayant tous 9 mètres de creux : le plus petit a 27 mètres de section plongée et 600 tonnes de jauge. Les hélices sont sur l'avant, ce qui est préférable sous de nombreux rapports. Ce que j'ai dit plus haut permettrait aussi de les disposer à l'arrière; mais au point de vue de la forme des coques, non moins que pour beaucoup d'autres raisons majeures, cela vaudrait moins. L'hélice à l'avant peut offrir un inconvénient de choc contre la lame, dans un tangage violent. Quelque sérieuse que soit cette objection, je ne crois pas qu'elle soit une impossibilité.

L'hélice, placée aussi près que possible de la quille, donne un couple de soulèvement, qui est un avantage plutôt qu'un inconvénient. Ce couple fait émerger l'avant.

J'indique, au courant de la plume, les points seulement sur lesquels la construction apporterait des modifications aux pratiques actuelles :

Eu égard au tirant d'eau de 9 mètres, tirant d'eau nécessaire pour permettre un grand rayon d'hélice, les petits numéros des *rapides* n'ont pas de stabilité de *forme*. Pour lancer à l'eau un bâtiment de ce genre, il serait nécessaire d'user des précautions spéciales jusqu'à ce que l'on ait pourvu à la *stabilité de poids,* que l'on donne par un aménagement intérieur. Ils ont une grande stabilité dynamique ; c'est ainsi que le poisson n'a pas de stabilité de forme, et seulement une grande stabilité de mouvement ; quand le poisson meurt, il tourne sur le flanc. Les *rapides* n'ont pas de voilure ; ils ont des mâts de fortune placés en drôme sur le pont, pour servir en cas d'accident, en marchant presque vent arrière. La partie non plongée se raccorde avec les fonds par une courbe en S, qui présente à l'avant une partie élancée servant de défense contre la lame en même temps que de support pour l'appareil de descente et de retrait de l'hélice ; il n'y a pas de beaupré ni de sous-barbe. La partie non plongée a 3 mètres au plus de haut ; la cheminée a la forme d'une lentille cylindrique ; il en est de même des capots qui masquent les entrées de descente ; le timonier lui-même est abrité par une demi-lentille de ce genre. Il n'y a pas d'artillerie.

La forme générale se compose de deux *conoïdes* engendrées par une ligne horizontale qui se meut suivant l'étrave, et une ellipse maître-couple, pour le conoïde avant ; suivant l'étambot et la même ellipse, pour le conoïde arrière. Ces deux conoïdes sont reliés par des surfaces de raccordement. L'étrave et l'étambot sont deux lignes verticales : l'étambot n'a pas plus de 0^m05 de largeur, la place juste nécessaire pour disposer les ferrures du gouvernail ; le gouvernail est en fer, et se termine par une lame réellement tranchante.

La carcasse, ou squelette du navire, est construite d'après les principes de Stéphenson. Tous les maîtres-couples sont des poutrelles tubulaires ; la section par le plan longitudinal de la quille est un rectangle formé par lesdites poutrelles, terminé d'une part par une étrave à forme spéciale, et par un étambot rétréci jusqu'à la limite indiquée. Les maîtres-couples sont reliés entre eux par les carcasses de chaque pont, construits sur le même principe. L'ensemble du squelette présente l'apparence d'un panier à bouteilles de forme allongée. Tout est partagé en compartiments étanches, qui permettent même de conserver la constance du niveau d'eau, au fur et à mesure de l'allégement du navire par la consommation du combustible. Chaque 100 kilogrammes de charbon sorti d'une soute est immédiatement remplacé par 100 kilogrammes d'eau.

Le bordé extérieur pourrait se faire d'après l'un des trois modes usités, à moins que la pratique n'ait déjà condamné ou ne condamne le mode suivant que je propose ; ce mode me paraîtrait préférable. Des bandes de fer de 0^m15 de largeur, de 5 mètres de longueur au moins, de 0^m015 d'épaisseur, sont courbées à froid suivant la forme convenable. Cette forme diffère peu du plan pour toute l'étendue des deux conoïdes. Ces pièces s'encastrent successivement les unes dans les autres par un mode identique à celui des menuisiers. Une lèvre ou saillant d'une bande, saillant de 0^m04 sur 0^m005 d'épaisseur, pénètre dans le rentrant de l'autre bande, sur les quatre faces de chaque plaque métallique. Les joints verticaux sont croisés de façon à correspondre au milieu de la plaque supérieure et inférieure ; les détails d'exécution seraient hors lieu. Chaque pièce est boulonnée à tous les maîtres-couples par des rivets-prisonniers qui laissent la surface extérieure lisse comme un chaudron. Le raccordement avec la quille, ainsi qu'avec l'étrave et l'étambot, serait l'objet de soins tout spéciaux.

L'avant se compose de *trois* avants successifs, ou de trois étraves sucessives, dont deux sont intérieures et à 3 mètres de distance au moins. Cela donne lieu à deux véritables puits qui servent de défense et procurent une extrême solidité à la partie qui soutiendra tous les genres d'efforts. Le premier puits est absolument vide; il ne contient que l'arbre qui le traverse, et le presse-étoupe que l'on peut visiter. L'eau filtrera nécessairement un peu, car il convient de ne pas trop serrer les presses-étoupes, qui se transforment en freins de Prony et absorbent une part sérieuse de la force motrice. Une petite pompe extraira cette eau de filtration due à la pression de l'eau du dehors, non moins qu'à la pression due à la vitesse; ces deux pressions s'ajoutent alors, tandis que sur l'arrière elles se retranchent. Le second puits pourra, si l'on veut, contenir la coupée de l'arbre; coupée qui permet, au moyen de tourteaux, de relier l'arbre extérieur à l'arbre en mouvement, et d'interrompre cette communication pour rentrer l'arbre extérieur. On placerait aussi le *vireur* dans ce puits. A la seconde étrave, il y a un autre presse-étoupe servant de défense, en cas d'accident sur le premier. La troisième étrave sera un surcroît de précautions; elle pourra être traversée par la butée à collet, servant alors à la fois de fermeture et de point d'appui. Les trois avants successifs sont exactement faits l'un comme l'autre, ayant leur bordé complet, étant de plus rattachés par des couples spéciaux, et formant un système d'une excessive solidité et d'une complète sécurité.

La partie extérieure de l'étrave avant est taillée en biseau; la quille se prolonge au dehors, de 0^{m}10 je suppose, par une pièce très forte qui porte un *demi-collier*, ou bien qui est traversé par un trou de forte section devant servir à tenir une cheville pour la manœuvre d'installation de l'hélice. Je décrirai en temps et lieu opportuns les diverses dispositions que je propose pour cette partie importante des appareils, quoique je sache bien que tout constructeur saura trouver des solutions aux questions posées. L'arbre extérieur est très fort; il se visse dans le noyau creux de l'arbre de l'hélice, à contre du mouvement pour la marche en avant, de sorte que le navire en marche tend à serrer ou à renforcer la tenue de la vis. Je propose deux autres moyens; mais celui-là me paraît préférable. Dans la marche en arrière, il semble que l'hélice doit se dévisser; si l'on veut faire attention que ce mouvement d'ailleurs secondaire tend à pousser l'hélice contre le navire, on voit que le dévissage ne pourrait s'effectuer que par le retrait de l'arbre au dedans du navire; en dehors de cela, le *demi-collier* dont j'ai parlé, ou bien une pièce que j'appelle le *portant*, suffirait à résister à ce mouvement. Une fois sorti du port, dès que les eaux ont une profondeur suffisante, on descend l'hélice, et on l'installe suivant une manœuvre que j'indiquerai. Pour rentrer l'appareil, on a une manœuvre inverse.

On peut disposer, si l'on veut, un second arbre à moitié hauteur de l'étrave, pour installer une petite hélice servant à la manœuvre dans les eaux peu profondes, et donnant une vitesse de 2 ou 3 nœuds seulement.

L'examen attentif du problème des grandes vitesses m'a conduit à d'autres formes de navires quelque peu en désaccord avec les formes actuelles, et je crois devoir les taire aujourd'hui. Si la marine croyait devoir utiliser mes propositions, j'indiquerai alors un moyen qui permettrait la transformation peu coûteuse d'un vieil aviso condamné en type à expériences.

On a proposé, mais peut-être sans y attacher un caractère pratique, de cuivrer les bâtiments dans des cales de radoubs au moyen d'une précipitation de cuivre provenant d'un bain de sulfate de cuivre. Cela exigerait des installations gigantesques et spéciales. Peut-être pourrait-on arriver à résoudre le même problème d'une façon qui semble pratique : je suppose que l'on place contre le flanc du navire, sur cale ou chantier, une caisse en bois que l'on retient par simple pression, de façon à ce que la paroi du bâtiment forme une face de la caisse ; on peut remplir cette caisse de sulfate de cuivre, en usant de précautions faciles pour que le liquide ne s'écoule pas le long des lignes de jonction ; on fera ainsi la précipitation du cuivre, par plaques restreintes, d'une épaisseur proportionnée au temps employé. De proche en proche, en déplaçant la caisse et la réinstallant, on finira par recouvrir tout le bordé d'un enduit cuivreux, qui sera en même temps un *calfatage* et un *lissage* pour l'extérieur du navire. Cela pourrait se faire, je le crois.

Des hélices aussi puissantes que celles que je propose pour les grands types doivent avoir un mode de construction qui allège le poids énorme d'hélices actuelles, bien inférieures en dimension ; là encore on peut utiliser le principe de Stéphenson. Je suppose que l'on fabrique une lame héliçoïdale en fer, de la forme jugée convenable, avec une épaisseur de 0^m01. Deux lames pareilles sont placées en face l'une de l'autre, de façon à s'écarter de 0^m25 dans le bas et de 0^m40 dans le haut. Ces deux lames sont reliées par des fragments cylindriques en fer de même épaisseur, de mètre en mètre. Ces fragments cylindriques, ainsi que les lames, sont taillées en biseau tranchant sur leur avant comme sur leur arrière. Ces fragments ne donnent aucune résistance au mouvement ; l'ensemble rigide que l'on obtient forme un véritable petit *pont tube,* entièrement ouvert à l'avant et à l'arrière, et très résistant. Cet ensemble forme une *seule aile,* dont l'effet sera peut-être de $^1/_{20}$ ou $^1/_{30}$ en sus de l'effet d'une lame isolée. Cette *aile* sera implantée solidement dans un tourteau faisant corps avec le noyau creux en forme de vis qui forme l'axe du mouvement de rotation. Des expériences préliminaires fixeront sur la résistance à attendre de cette forme d'aile. En admettant quatre ailes ainsi faites, on arrive au poids de six tonnes pour une hélice d'aussi grande taille. Ce poids, à mon sens, peut se réduire à moins de quatre tonnes. Pour deux ailes seulement, de *1 mètre* de hauteur et de *7 mètres* de rayon, ce qui est énorme, on ne dépasserait pas deux tonnes. Peut-être pourrait-on essayer de l'aluminium ; c'est une question de résistance de matériaux. On pourrait aussi cuivrer l'hélice entière.

Pour terminer ces brèves considérations, je veux ajouter quelques mots sur les *roues*. On peut obtenir un mouvement de translation perpendiculaire à l'arbre de rotation, pour un corps qui se meut à la surface de séparation de deux fluides ; on pourrait à la rigueur installer un mécanisme qui permette d'utiliser la roue entièrement plongée en faisant pivoter les aubes sur elles-mêmes, pour les rendre perpendiculaires à l'arbre dans le mouvement de retour ; ce mécanisme serait très délicat et probablement impossible dans la pratique pour produire des efforts sérieux. La théorie des roues à aubes est facile à formuler, si l'on néglige les chocs à l'entrée et à la sortie; dans la pratique, les chocs enlèvent toute sécurité aux formules, en en faussant l'application. Je me suis abstenu de reproduire dans ce mémoire des calculs fort longs, qui obligent à partager le problème en trois parties distinctes, et qui conduisent à des intégrales à plusieurs termes; je me suis borné aux moteurs plongés, à propos desquels on 'est en droit d'attendre une coïncidence presque entière entre la théorie et la pratique. Pour diminuer les chocs des roues, on a imaginé des pales articulées qui entrent normalement dans l'eau; le système d'articulation de Morgan parait avoir la préférence; la géométrie fournit divers moyens différents de résoudre le problème; d'après mes calculs, l'aube articulée est inférieure en rendement à l'aube ordinaire, sauf le rôle des chocs, rôle qu'il est difficile de traduire en théorie. Sans m'arrêter à quelques constructions qui me paraissent intéressantes, je remarque que la roue à aubes constitue une sorte d'engrenage à crémaillère dont l'eau forme précisément la tige rectiligne; en combinant cette idée avec ce que l'on appelle *engrenage de White*, et avec les conditions de résistance des surfaces dans l'eau, on arrive à former une rone à aubes que j'appellerai *roue continue*, et qui me parait mériter d'être soumise à l'appréciation des constructeurs; cette roue ne produit presque pas de chocs; elle fait très peu de bruit en entrant dans l'eau. Les aubes sont formées par des *demi-cylindres* en fer de 0,05 de diamètre dont la convexité plongée est tournée vers l'avant; lorsqu'on fait *machine arrière*, pour reculer, la roue produit un effet 2 à 3 fois moindre que dans le sens du mouvement; ces petites aubes sont disposées en *files obliques* à la suite les unes des autres, de façon qu'il y ait une *continuité* presque *différentielle* dans l'entrée et la sortie. Tout constructeur dessinera facilement un croquis de ces roues, sur cette simple indication; on peut varier la disposition de ces petites aubes incurvées de nombreuses manières.

§ XVI. — Essais à tenter pour la locomotion aérienne.

Je suis bien loin d'être au courant de toutes les tentatives qui ont été faites depuis la première application de Montgolfier, et la substitution de l'hydrogène à l'air chaud par Charles; en face de la plupart des projets proposés, dont j'ai connaissance, on reste étourdi des non-sens acceptés par les inventeurs; on a été jusqu'à placer des *voiles* en aide au ballon; des voiles! quand on marche identiquement comme le courant aérien, et que l'on n'a même aucun moyen de savoir si ce courant aérien existe, autrement qu'en suivant le déplacement sur les objets du sol. Je vais donner les chiffres pour trois problèmes : monter et descendre à volonté, avec un ballon; procurer de la vitesse de translation à un ballon; obtenir le vol mécanique sans ballon.

PREMIER PROBLÈME. — *Monter et descendre avec un ballon.* — Quelques personnes ont paru admettre que la solution exacte de ce problème permettrait de chercher les courants d'air opposés qui doivent coexister aux différentes hauteurs de l'atmosphère; par suite, il serait possible de se transporter d'un lieu à un autre en choisissant les hauteurs, c'est-à-dire la direction des courants aériens.

Une première solution consiste à lâcher du gaz pour descendre, à lâcher du lest pour monter; il est nécessaire d'employer l'hydrogène pour diminuer le volume du ballon, parce que à poids égal le gaz d'éclairage exige un volume double; cela nécessite des tubes rigides portant de véritables *robinets* dont on règle l'ouverture d'une façon rigoureuse, et non point des *soupapes* capricieuses à ouvrir avec une ficelle; le lest serait du sable, je suppose, renfermé dans un sablier muni d'un robinet dont on règle encore l'ouverture à volonté; il serait nécessaire de partager le ballon en compartiments dont un seul serait susceptible de perdre son hydrogène en lui substituant l'air atmosphérique; le compartiment aurait une puissance ascensionnelle égale au poids du lest du sable disponible ; dès que ce compartiment, ou que le sablier, serait vidé, on ne pourrait plus manœuvrer.

Une deuxième solution consiste à fabriquer dans le ballon même, avec une grande rapidité, un volume suffisant d'hydrogène. Les réservoirs naturels d'hydrogène dont il s'agit d'obtenir la *déflagration* ou décomposition rapide sont tous les *composés chimiques des matières organiques*, des sels ammoniacaux : ..... Ainsi, en supposant que l'on puisse transformer l'*azote d'ammoniaque*, par exemple, en véritable *poudre*, on aura 4 équivalents d'hydrogène à utiliser. L'esprit inventif de l'homme devrait alors s'exercer à former des *poudres à base d'hydrogène*, dont on règlerait l'explosion à volonté. Je n'ai pas de documents sur la composition exacte de la *xyloïdine* ou *coton-poudre;* et j'en ai vainement cherché ; mais cette substance doit évidemment fournir de l'*hydrogène*, et ce serait peut-être la solution cherchée..... Quant aux autres gaz provenant de la décomposition des corps hydrogénés, on n'a pas à s'inquiéter de leur action ; ces gaz seraient évacués par l'orifice en même temps que l'air atmosphérique existant dans le compartiment du ballon, tandis que l'hydrogène remplirait le haut d'abord de ce compartiment, en chassant successivement tous les fluides plus denses. La meilleure *poudre*, en ce genre, serait l'eau ; je crois pouvoir affirmer qu'on arrivera avant peu à obtenir sa décomposition suffisamment rapide ; on n'a pas cherché, que je sache, dans cette direction.

Si la puissance humaine devait se borner à ce premier problème, il y a bien des années qu'à mon sens il serait complètement résolu par une troisième solution très pratique, et qui me faisait dire en riant à mes amis, il y a plus de six ans, que j'étais prêt quand on le voudrait à m'enlever *seulement avec les poignets*. Ceci a l'air absurde et veut une explication. Je suppose que l'on forme un ballon à *carcasse rigide* dont la puissance ascensionnelle soit *inférieure* de 2 ou 3 kilogrammes au poids qu'il doit soulever. Ce ballon est traversé de part en part verticalement par un cylindre creux très étroit qui laisse passer une tige de fer supportant une hélice de faible dimension. Un homme, placé dans la nacelle qui est liée d'une manière inflexible à la carcasse rigide, développe, à l'aide de l'hélice, l'excédant de puissance ascensionnelle qui manque au ballon. Je me suis amusé à faire les croquis et les calculs pour trois petits appareils suffisant à *une*, puis à *deux*, puis à *trois* personnes. Le ballon pour *trois personnes* avait une puissance ascensionnelle de *trois cents* kilogrammes; les tiges rigides de la carcasse se prolongeaient au dehors pour supporter *quatre ailes hélicoïdales* aidant au mouvement, mais ayant surtout pour but de résister à la rotation qui provient du mouvement de l'*hélice supérieure*, en donnant sur l'air même un contre-appui opposé à cette rotation. L'hélice supérieure avait 3 mètres de rayon, et il suffisait de donner trente tours à la minute pour produire un effort ascensionnel de 5 à 6 kilogrammes; or, un nageur, dans une embarcation de plaisance, donne trente cinq coups d'aviron à la minute. La tige de l'hélice est retenue dans les deux sens par des butées de roulement; le mouvement de rotation s'effectue à la main au moyen d'un *vilbrequin* ou d'une petite *roue dentée* multiplicatrice de vitesse; les 300 kilogrammes donnaient 240 kilogrammes pour trois hommes du poids de 70 kilogrammes; l'appareil pesait environ 80 kilogrammes, et les 10 kilogrammes restants étaient fournis par du sable servant de réserve, et servant surtout à corriger les imperfections des calculs de déplacement et de poids. En choisissant les formes les plus favorables, et ce ne sont pas des hélices linéaires orthogonales, on arrive aux chiffres suivants :

$$\mathrm{T}_t = 0,3 . \; \theta . \; r . \; \mathrm{P.} \qquad \mathrm{P} = 0^k 025 . \; y . \; r^3 . \; \theta^2 \mathrm{L.}$$

On voit que pour de très petits efforts donnant $\theta r < 1$, le *travail mécanique* T_t est très faible. Lorsque le *poids* augmente, θr augmente, et T_t s'accroît dans une proportion qui dépasse l'application des puissances motrices. On sait que l'homme peut développer 15 à 18 kilogrammètres de travail pendant une heure ou deux; en travaillant d'une manière suivie, on n'admet pas que l'homme puisse dépasser 10 à 12 kilogrammètres sans se fatiguer ou s'épuiser. Dans le cas qui nous occupe, qu'un ballon soit gigantesque ou soit réduit à une *capacité* relative à *une*, à *deux* ou à *trois* personnes, on voit qu'un seul homme pourra le faire *descendre* ou *monter* à volonté *avec ses seuls poignets*.

Pour moi, j'ajoute en riant que si je trouve un ou deux hommes de bonne volonté capables de jeter 5 à 6,000 francs par les fenêtres pour se donner le plaisir d'une promenade aérienne de ce genre, je suis prêt à leur communiquer tous les dessins et tous les calculs, à faire confectioner l'appareil, et à partir avec eux. Sourire à part, ce moyen si simple pourrait rendre de grands services à la météorologie positive. Pour de grands ballons ayant beaucoup de force ascensionnelle, il serait facile de substituer une petite machine qui donnerait tout le supplément désirable pour l'ascension et la descente. Quand on aurait un courant d'air de direction favorable, il ne serait pas nécessaire de sortir des courbes inférieures aériennes; on se laisserait entraîner à 50 ou 100 mètres seulement du sol. Pour s'arrêter, il faut ajouter qu'il ne suffira pas de poser le ballon à terre par l'effort inverse de l'hélice ou par le poids isolé du ballon; il faudra être dans un lieu un peu abrité pour ne pas labourer le sol en vertu de l'impulsion du vent, de même qu'au départ; de plus, les voyageurs n'en seront pas quittes pour enjamber la balustrade, attendu qu'une décharge de 70 kilogrammes lancerait le ballon en l'air, ce qui mettrait les co-voyageurs en danger.

L'hélice est l'appareil dont le mouvement est le plus commode pour compenser un *faible écart* entre le *poids du ballon* et la *puissance ascensionnelle*. J'ai essayé aussi de divers systèmes d'*élytres*, ou ailes de hanneton, ou *dyèdres*, ou *parapluies* parachutes, dont un mouvement rectiligne alternatif transforme le jeu en celui de véritables *ailes*. Le premier procédé vaut mieux. Le ballon s'en ira ensuite au gré du vent, suivant le sens du courant que l'on pourra utiliser. Évidemment, cette solution isolée du problème aéronautique n'est pas une solution suffisante ou satisfaisante. Toutefois, les deux derniers procédés : *fabriquer de l'hydrogène,* produire une *faible puissance ascensionnelle* à bras d'homme ou avec un petit mécanisme, seront de nature à faciliter la pratique pour ce qui va suivre.

DEUXIÈME PROBLÈME. — *Locomotion mécanique des ballons.* — Le premier problème peut avoir une application restreinte en marine; ainsi, pour la série des *rapides,* la force motrice, sous forme de combustible ou toute autre, est renfermée dans des caisses en tôle que l'on remplit d'eau au lieu et place du combustible pour conserver constamment la même jauge ou la même profondeur d'immersion. Quant au second problème, *il est identique au problème naval,* aussi pratique que lui qui est réalisé depuis vingt ans, et peut-être est-il possible de le réaliser aujourd'hui avec les moyens mécaniques dont on dispose. Cette affirmation importante est en désaccord avec l'opinion accréditée non moins qu'avec les conclusions imprimées de savants éminents; il faut utiliser des forces motrices puissantes. Il ne peut pas s'agir de *ballons sphériques;* on n'a jamais eu l'idée de faire marcher des *navires ronds* ou *bouées;* à tonnage égal, ces formes de navires exigeraient des forces motrices trente ou quarante fois plus considérables que celles qui s'emploient; il faudrait des appareils moteurs énormes qui se briseraient sous l'effort; on aurait des valeurs de p réduites à *un* ou *deux* dixièmes, et des valeurs de K_1 dix à douze fois plus grandes. Les *ballons* devront avoir des formes analogues à celles des *navires* très *fins.* Leur longueur sera de dix à douze fois leur largeur. La faiblesse du tonnage dû au poids de l'air déplacé impose des constructions très *vastes,* mais non pas *impossibles.* Les nombres en tout genre seront énormes. Ainsi, je ne recule pas devant des hélices de 15, 20, 25 mètres de rayon; il faut que $p = 0,75$ toujours au moins, afin d'avoir une bonne utilisation de la machine. En admettant cette valeur permanente comme *minimum* qui dépend de la volonté, puisque la surface mouvante de l'aile hélicoïdale peut se choisir à son gré dans la limite des *moments de rupture,* on aura, comme au paragraphe précédent :

$$n = 0,63.\, \theta r \qquad p = 0,75 = \cfrac{1}{1 + \sqrt{\dfrac{K_1 S_1}{K.L.y.r.C}}} \qquad F = \frac{K_1 S_1 n^3}{0,75.}$$

Je le répète avec insistance, le problème ne diffère en rien du problème maritime; la valeur de p, à nombres égaux, s'améliore un peu, parce que le rapport $\dfrac{K_1}{K}$ est plus faible dans l'air que dans l'eau, eu égard au frottement de l'air qui est presque négligeable, tandis que dans l'eau le frottement n'est pas négligeable et fournit même une part sérieuse de K_1.

Avec une hélice de 25 mètres de rayon, il suffirait, *avec une machine suffisante,* de soixante tours à la minute pour franchir 100 mètres par seconde. Cette hélice, à quatre ailes, avec une hauteur $y = 2$, suffirait pour donner à p la valeur 0,75 avec un *ballon fin* de plus de 400 mètres de maîtresse section. Si une hélice de cette taille effraie quelque lecteur, je l'engage à se munir d'un appareil pharmaceutique connu pour aller éteindre une incendie. D'ailleurs, je donne les *chiffres* nécessaires, et rien de plus.

Pour exprimer la force de la machine en *chevaux-métriques*, on prendra le *tiers en sus* du nombre $K_1 S_1 n^3$, ce qui revient à diviser par 0,75 ou p. On sait que les chemins de fer ont pu donner des vitesses supérieures à 30 mètres par seconde; le train-poste, pour la malle de l'Inde, parcourt plus de 20 mètres; les *trains express* ordinaires vont à 15 mètres; les *trains omnibus* vont à 10 mètres. Ce ne serait presque pas la peine d'aller en ballon avec des vitesses de ce genre; de plus, le vent très frais, ou déjà très violent, franchit 20 à 25 mètres; l'ouragan ne dépasse pas 40 à 50 mètres; le ballon ne s'apercevra pas de ce vent; il ne sentira que celui qui proviendra de sa propre vitesse, vitesse qui se combinera avec celle du courant aérien, absolument comme dans le cas d'un navire qui se meut dans un courant aqueux. On ne peut mesurer l'influence du courant que par le changement sur les points d'arrivée avec le parallélogramme des vitesses ou loi de Galilée.

Soit une surface S, de 100 mètres, formant la maîtresse section d'un ballon composé de la réunion de deux *conoïdes* reliés par des surfaces de raccordement, à étrave et étambot droits, ayant une longueur égale à dix ou douze fois sa plus grande largeur; on peut affirmer, non pas d'après des hypothèses, mais *d'après les chiffres fournis par la pratique navale*, que K_1 ne surpassera guère 0^k2, ou 2 grammes par mètre carré de surface. Si ce chiffre était jugé trop faible, on verra facilement le genre d'augmentation qui devrait en résulter pour la force motrice. J'ai la hardiesse d'affirmer que K_1 sera certainement inférieur à 0^k003, dans l'hypothèse d'un *ballon fin*.

D'après la formule $F = p.K_1 S_1 n^3$, on voit qu'une machine inférieure à 3 chevaux métriques suffira pour atteindre 10 mètres par seconde; pour $n = 20$, il faut une machine huit fois plus forte, ou 22 chevaux; pour $n = 30$, il faudrait 72 chevaux; pour $n = 60$, il faudrait 576 chevaux. Mais, dira-t-on, ce dernier chiffre est déjà énorme, et ce n'est pas sérieusement qu'on peut le proposer. J'estime que *demain* on parlera de 1,000 chevaux comme *aujourd'hui* de 500, comme *hier* de 40; *demain, aujourd'hui, hier*, étant, si l'on veut, des *jours bibliques*. En dehors de cette opinion que l'on est en droit de considérer comme un simple espoir, je vais examiner ce que l'on peut espérer réaliser de pratique, *aujourd'hui même*, avec les moyens dont on dispose *actuellement*.

J'ai fait les calculs et les croquis pour une série de ballons ayant tous une longueur égale à dix ou douze fois leur plus grande largeur; quelques-uns sont vraiment colossaux, attendu la faiblesse du tonnage, qui n'est guère que de 1^k2 par mètre cube. Je me borne à citer les chiffres suivants pour le type le plus petit, ayant 200 mètres de maîtresse section, 120 mètres de longueur, 15 tonnes environ de jauge, filant 40 mètres par seconde, avec une machine de 360 chevaux, au moyen d'une hélice à quatre ailes, de 15 mètres de rayon, faisant environ 45 tours à la minute.

Admettons, pour un instant, la possibilité de réaliser ce type, soit à la vitesse de 40 mètres, soit à une vitesse inférieure. Lorsque l'on marchera contre le vent, et que le vent aura une vitesse inférieure, on gagnera la différence ; à vitesse égale, on restera en place ; à vitesse supérieure, on sera entraîné, sans avoir aucune espèce de danger à courir de ce chef. Le vent fût-il un ouragan, on ne s'apercevra pas de sa présence, contrairement à ce qui se passe à bord des navires, où le danger provient de ce que l'on se trouve à *l'intersection de deux fluides*. On s'élèvera, on s'abaissera, soit par les moyens indiqués au premier problème, soit en utilisant la vitesse de translation pour réagir contre une toile inclinée à volonté ; on aura un gouvernail pour suivre sa route dans le sein du courant aérien, cette route et le courant étant totalement *indépendants* l'un de l'autre ; on devra raser la terre pour jalonner sa route, sans qu'il soit nécessaire de s'élever, à moins que ce ne soit dans l'espoir de trouver un courant favorable.

Examinons la question des poids, qui est le véritable nœud gordien. Sans entrer dans les nombreux détails de construction, ce qui exige plusieurs feuilles de dessins, je me contente de dire que la carcasse du ballon, ou *squelette rigide*, est basée sur le principe tubulaire de Stéphenson. D'après des hypothèses probables, mais non certaines, je crois que l'on peut arriver à obtenir une résistance suffisante avec un poids moindre que *cinq tonnes;* il est certain que la réalisation pratique exigerait, au préalable, des expériences précises sur la résistance, afin de connaître la limite extrême dans la possibilité de diminution des poids. Je ne sais ce qu'on pourrait faire avec de l'aluminium, ne connaissant pas ses coefficients de résistance. Le ballon serait formé d'une enveloppe extérieure bien lissée et gommée, et d'une enveloppe intérieure contenant l'hydrogène ; le tout est partagé en compartiments étanches et isolés ; *l'air extérieur* entre au fur et à mesure de l'allégement du ballon, par suite de la consommation du combustible, de même que l'on peut faire entrer de l'*eau* dans les soutes d'un navire, pour remplacer le poids du combustible évacué et conserver la même jauge. L'arbre de l'hélice traverse de bout en bout les divers compartiments de l'avant, par l'intermédiaire de *butées* à *collet* bien graissées, qui servent à la fois de fermetures et de points d'appui. Si l'on admet l'hypothèse, non certaine, mais plus que probable, d'un maximum de *cinq tonnes* pour le poids total, il reste dix tonnes environ pour les navigateurs, la *machine ordinaire à cylindres,* l'eau, le combustible. Si l'on se reporte aux poids actuels des machines marines, on est bien loin de compte ; mais il est bien évident que l'on peut alléger considérablement le poids par cheval pour un but spécial. En supposant une machine à haute pression de dix atmosphères, on peut affirmer que le poids brut de la machine, cylindres, bielles et pistons, chaudière vide,... sera inférieur à 100 kilogrammes par cheval, ou du moins on arrivera à cette limite. Je ne doute même pas que l'on ne puisse réaliser *certainement* une machine motrice à très haute pression, du poids de 50 kilogrammes par cheval; mais je ne crois pas qu'il en existe actuellement d'aussi légères parmi celles qui sont puissantes. En admettant l'hypothèse plus que probable, et *même réservée,* de 100 kilogrammes, on voit que six tonnes permettront d'employer au service du *ballon* une machine de soixante chevaux au moins, ce qui produira une vitesse de 20 à 25 mètres par seconde. Cette vitesse est déjà celle d'un vent *très frais,* dénommée *grande brise.* Il resterait quatre tonnes, dont une tonne serait le poids des navigateurs et de l'eau, et dont trois tonnes représenteraient le poids possible du combustible;

ce qui permettrait de marcher pendant cinquante heures, à raison de 1 kilogramme par heure et par cheval. Or, l'utilisation du ballon à la vitesse de 25 mètres permettrait, en général, sauf le cas de vent violent, d'atteindre des points de ravitaillement situés à des distances bien plus rapprochées que celles qui correspondent à cinquante heures de marche. On pourrait hardiment se contenter de dix à douze heures de chauffe, ce qui laisserait une latitude beaucoup plus grande pour le poids brut de la machine. Mais l'appareil étant tel que je viens de l'indiquer, on voit que, *aujourd'hui même,* on pourrait, ou du moins il n'y a *aucune* impossibilité d'*aucun* genre, on pourrait aller de Paris à New-York avec le vent pour soi. Et ce n'est pas une assertion hasardée, utopique ou téméraire : c'est une solution que chaque lecteur peut vérifier chiffres en mains, le *chiffre* étant d'ailleurs le seul genre de *littérature* que l'on puisse se permettre en pareille matière. Les chiffres que j'indique, surtout pour la *machine,* me paraissent pouvoir être notablement abaissés.

Quand les constructeurs de machines auront cherché pendant quelques années dans cette voie, je crois que l'on peut raisonnablement espérer qu'ils réussiront à produire des types de machines à très haute pression, atteignant la force de 400 chevaux, et ne pesant pas plus de 5 à 6 tonnes; alors on sera certain de réaliser des sillages aériens de 40 mètres par seconde au moins, en ayant une provision de combustible suffisant à sept ou huit heures de route, ce qui sera une solution fort satisfaisante pour tous les points où il n'y a pas d'immenses intervalles océaniques.

Cet espoir, fondé ou irréalisable, n'est aujourd'hui qu'une hypothèse sur laquelle je n'ai pas voulu appuyer mon affirmation; le seul côté *numérique* où le lecteur pourra asseoir un doute sera le poids de cinq tonnes relatif à l'appareil. Si on suivait la voie des hypothèses, ou si l'expérience devait prononcer prochainement en faveur de l'emploi des forces motrices dont j'ai parlé, on aurait des résultats autrement importants; si la *turbine à vapeur* peut s'utiliser, surtout en employant la roue héliçoïdale motrice à deux fins, on aura déjà l'économie de poids des cylindres, bielles et pistons, glissières......; si l'on réussit à produire abondamment la vapeur avec les *bouilleurs de platines à injection* (page 63), on pourra consacrer au combustible une partie de tonnage considérablement augmentée; si enfin on réussit à utiliser les *turbines à poudre,* l'homme sera véritablement maître de l'air, et il pourra ne pas reculer devant des sillages aériens de 100 mètres par seconde, avec une journée entière d'approvisionnement.

J'ai tenu, *avant tout,* à présenter la solution de ce problème en dehors de toute hypothèse, avec un caractère essentiellement pratique; avec un *appareil aérien moyen* ou même réduit en dimension autant que le comporte la nature du sujet; avec des vitesses relativement *lentes;* avec des *machines* identiques à celles que l'on *utilise* partout : on voit que le succès est certain, c'est-à-dire que le problème ne présente aucune *impossibilité numérique;* on voit encore que les navires aériens seront obligés de faire relâche par les vents très violents, comme les navires à voiles qui restent au port ou fuient devant le temps, mais non point par le fait du danger, mais par le fait de ce que leur puissance serait inférieure au vent d'orage, pour des vitesses réduites à 20 mètres, et que le navire aérien reculerait au lieu d'avancer. Dans le présent, on ne pourrait utiliser ces sillages que pour des temps ordinaires, et on ne pourrait pas ou presque pas transporter de marchandises encombrantes ; l'homme ne serait pas encore capable d'écraser les lignes de douanes, sauf pour les objets de luxe, et d'imposer le libre échange. Les questions de stabilité, de vitesse, de direction, d'arrimage..... ont été de ma part l'objet d'un examen attentif ; je me suis même amusé, ce qui est oiseux d'ailleurs, à rechercher les procédés propres à déterminer la position, en se supposant loin de terre et de tout objet connu.

Quoique ce ne soit point ici le lieu de développer les grandioses conséquences sociales qui résulteront forcément tôt ou tard de la locomotion aérienne, même dans les limites restreintes de 20 à 25 mètres de vitesse, et qu'il faille attendre la réalisation pratique pour se laisser glisser sur la pente des rêves brillants, il est un point qu'un homme de science doit toucher, sous peine de manquer à son devoir. J'ose espérer que le lecteur est convaincu, comme je puis l'être, que l'on peut réussir dès demain à donner un sillage de 20 mètres par seconde à un ballon fin ; un navire identique, avec la même machine de 60 chevaux, filerait 2 mètres ou environ 4 nœuds ; cette coïncidence *pratique* sur laquelle j'insiste est un gage *pratique*. En affirmant ainsi, je ne crois point me départir de la réserve qui convient en pareil cas. C'est une question d'argent ; l'initiative privée saura suffire à cette tâche, en dehors de l'État, sinon en France, du moins en Angleterre et en Amérique. Or, pour l'œil attristé qui suit les événements européens, il semble que bien prochainement la guerre générale va éclater. La puissance et la direction du vent vont jouer un rôle tout nouveau dans les guerres ; le vent ordinaire est toujours fort inférieur à 29 mètres ; le navire aérien sera donc un nouvel et formidable engin de guerre, surtout pour indiquer l'emplacement des corps d'armée et pour guider dans la concentration des masses militaires ; plus encore pour incendier les villes !! Tout honnête homme doit demander avec ardeur que l'on proclame d'une *manière absolue la neutralité de l'air* ; ce sera peine inutile, et l'on échouera dans cette demande, de même que pour obtenir la *neutralité des mers* ; mais cela doit être dit, et dit aussi haut que possible, quoique cette demande soit une utopie, utopie au même titre que les vœux ardents et encore illusoires de tous ceux qui rêvent la cessation de l'état de guerre. Au reste, même avec cette solution embryonnaire du problème aérien, le 89 terrestre qui résultera forcément tôt ou tard de cette nouvelle voie d'échange, débordera quelque peu notre petit 89 français. On peut dire avec simplicité, sans aucune espèce d'emphase, que l'industrie humaine sera vraiment la reine du monde, et la première dispensatrice de *gloire*, sinon la seule.

TROISIÈME PROBLÈME. — *Le vol mécanique.* — Lorsque, en 1857, j'entreprenais mes recherches générales sur les fluides et sur le mouvement des corps plongés, je croyais, je l'avoue, *sur la foi des Traités*, que la navigation aérienne était impossible, et que l'on devait réussir par le *vol mécanique*, puisque les oiseaux le réalisaient tous les jours. Après examen, j'ai vu que l'inverse était vrai pour le temps présent. On ne peut espérer réaliser le vol mécanique qu'à la condition de réussir, au préalable, dans la recherche des forces motrices puissantes dont j'ai parlé : *turbines à vapeur*, et surtout *turbines à poudre*, le mot de *poudre* étant pris dans le sens général de décomposition rapide d'un magasin quelconque de gaz, entre autres l'eau, toutes choses hypothétiques.

Celui qui a osé écrire : *Si l'hélice enlève une souris, elle enlèvera plus facilement un éléphant,* celui-là avait raison, s'il s'agit de faire miroiter des chiffres ; mais il a grandement tort, si l'on considère la puissance motrice nécessaire à l'enlèvement des grands poids. J'ai dit que : $T_i = 0,3.\theta.r.P$ $P = 0^k025\,y\,r^3\,\theta^2\,L$, étaient des équations relatives aux meilleures surfaces à choisir pour utiliser le mouvement de rotation. Ces surfaces ne sont pas des *hélices linéaires orthogonales.* Je puis admettre volontiers que la valeur pratique de P soit double de la valeur théorique ci-dessus, quoique, à mon sens, elle soit plutôt exagérée ; mais le rapport théorique de T_i à P est certainement égal ou supérieur à sa valeur expérimentale. On voit que de très petits poids seront soulevés par un travail relativement très faible ; mais le rapport de T_i à P croît avec P, puisque, pour obtenir de grands efforts de soulèvement, il faut de grandes valeurs pour θ et r. Actuellement, il n'y a pas une machine à cylindre qui soit capable de développer assez de puissance pour soulever son propre poids. En opérant sur de petites valeurs de r, on peut réussir avec des ressorts d'horlogerie. Une souris possède assez de puissance dynamique pour enlever son propre poids ; il faudrait peut-être à l'éléphant une puissance musculaire cinq cents fois plus grande que la sienne pour soulever son poids.

J'ai fait des calculs pour des appareils de toute forme : des *cerfs-volants,* des *hannetons* de taille gigantesque ; partout, je me suis trouvé en face d'un *travail mécanique* beaucoup trop fort relativement à la force de soulèvement qui en résulte ; et le poids exigé par la constitution des appareils ? et les moments de rupture ? et...

J'ai dit (page 67) que l'*aile* était plus favorable que l'*hélice* pour le soulèvement des poids ; mais pour de grands appareils nécessitant une envergure gigantesque, il ne paraît guère possible de combiner les installations pour dominer le *moment de rupture.* Les appareils qui m'ont paru les moins désavantageux, et à propos desquels il n'y a pas d'impossibilité mathématique, se composent de six, huit, dix roues accouplées, dont les mouvements de rotation sont alternés pour avoir sur l'air des points d'appui qui empêchent de pivoter sur place. Je vais décrire sommairement le plus petit de ces appareils, en faisant les très longs détails techniques d'exécution pratique.

Je suppose que l'on dessine, à une certaine échelle, quatre circonférences de 10 mètres de rayon, presque tangentes ; les lignes des centres formeront un carré ; deux autres circonférences de même rayon sont disposées aux extrémités, presque tangentiellement aux deux dernières circonférences. Les cercles seront les projections de roues motrices à deux ailes, que je suppose mues par un mouvement de *turbine à vapeur* ou *à poudre.* Les centres sont reliés par un châssis de 80 mètres de long sur 40 de large, construit en lames tubulaires. Dans les intervalles des ailes motrices sont disposés des *pieds,* qui permettent au châssis de reposer à terre sans faire toucher les roues. Chaque *hélice* est calculée dans des conditions de maximum ; chacune d'elles concourt au soulèvement, d'après les formules indiquées. Pour la somme des efforts, on voit que T_i reste proportionnel à P, sans croître plus rapidement que P. Pour $\theta = 1$, chaque roue à *deux ailes seulement* donne 50 kilogrammes, ce qui donne 300 kilogrammes de puissance ascensionnelle pour une force de 9 chevaux métriques. Le poids des ailes motrices et du châssis exige de choisir des valeurs de θ plus grandes que 1, ce qui fait accroître le rapport de T_1 à P. En admettant $\theta = 4$, il faudra 576 chevaux métriques pour soulever 4,800 kilogrammes; en admettant $\theta = 5$, il faudra 1,125 chevaux métriques pour soulever 7,500 kilogrammes. Pour $\theta = 10$, ou cent tours à la minute, on aura trente tonnes de puissance ascensionnelle, à l'aide d'une machine de 9,000 chevaux métriques, ou 12,000 chevaux ordinaires. La plume à la main, on peut obtenir les chiffres que l'on veut; mais ils ne sont pas acceptables, et je crois avoir forcé les chiffres dans un sens beaucoup trop favorable (Voir § IX). Pour $\theta = 1$, on voit que 12 chevaux ordinaires donnent 300 kilogrammes, ce qui impose 25 kilogrammes par cheval. Pour $\theta = 10$, chaque cheval ne donne plus que 2^k5 de puissance de soulèvement. Les grandes vitesses nécessaires aux grands poids, avec des appareils réduits, sont donc très désavantageuses.

On sait que le principe tubulaire de Stéphenson se base sur le rapport entre la longueur et la hauteur des pièces métalliques résistantes. Pour alléger le châssis, tout en lui donnant une résistance suffisante, il lui faudra une certaine hauteur. En recouvrant ce châssis, avec les tiges tubulaires, d'une enveloppe renfermant de l'hydrogène, on pourra alléger le poids total de l'appareil de deux ou trois tonnes, sans accroître sensiblement la résistance au mouvement de translation; cela ferait un supplément fort désirable, en tout dix tonnes pour 1,125 chevaux métriques. Hé bien, en acceptant même la possibilité d'enlever *le poids de cet appareil* et de sa *machine,* il faut encore obtenir une vitesse de translation au moyen d'une hélice de vitesse; or, le facteur K_1 qui correspondra à la surface S_1 d'immersion aérienne, sera quinze ou vingt fois plus grand que le facteur K_1 qui correspondait à la surface S_1 d'un *ballon fin;* cela enlève l'avantage d'avoir un S_1 plus réduit; il faudrait donc ajouter encore une force motrice égale ou supérieure à celle que l'on peut utiliser dans le *deuxième problème.* Avec des *turbines à poudre,* ce qui est hypothétique aujourd'hui sinon vrai demain, on peut admettre la possibilité de faire marcher un appareil de ce genre, grand ou petit; mais on ne peut pas affirmer, comme pour le cas du *ballon,* cas qui sera plus avantageux, par cela seul que toute la force motrice s'utilise *pour la vitesse.* Ainsi, 2,600 chevaux de force suffiraient à douer le *ballon fin* dont j'ai parlé d'une vitesse de 100 mètres par seconde! Le tuyautage serait renfermé dans l'intérieur du ballon châssis, et la chaleur dégagée servirait à dilater le gaz inclus. Cette petite bonification est négligeable pour l'hydrogène. Le châssis, au moyen de *butées* circonférentielles de roulement, sert à dominer le *moment de rupture* dû à l'élévation du poids, et c'est là le caractère véritable de l'appareil, *caractère essentiel* en tant que pratique.

J'ai dit qu'il faudrait une nouvelle force motrice presque égale à celle qui servirait au *deuxième problème,* afin de donner la vitesse de translation; il est vrai qu'une fois en marche, l'appareil, en glissant sur les couches d'air, en *planant,* permettrait une économie considérable sur la force d'élévation. Le moment pénible, c'est l'ascension au départ. La consommation du combustible ou de la force motrice emmagasinée servirait aussi à alléger ou à diminuer l'effort moteur nécessaire. Là encore une observation importante :

Pour que l'appareil puisse se poser à terre, il faudrait que l'hélice de vitesse n'eût que deux ailes, et que l'on eût soin de repérer cette hélice horizontalement, à moins de disposer l'appareil sur des *béquilles* à demeure ou *pieds* de grande hauteur. Quelque chose d'analogue se présente pour le *ballon fin* ou *navire aérien* : Si ce ballon était *plat*, cela reviendrait au même, théoriquement, pour la valeur de K_1; mais cela présenterait le premier inconvénient de ne pouvoir utiliser que des hélices à deux ailes, et un inconvénient bien plus grave relativement à l'allégement de la carcasse métallique tubulaire. En prenant deux *conoïdes*, disposés en *lentilles verticales*, on a une grande hauteur tubulaire très favorable à la légèreté de la construction; puis, je le répète, les hélices de vitesses peuvent avoir quatre ou six ailes, sans gêner, à l'arrivée et au départ, pour se poser.

En résumé, tout en réservant la possibilité du vol mécanique pour l'avenir, on voit que l'on peut *dès aujourd'hui* profiter des sillages aériens *moyennement rapides* par la locomotion d'un *ballon fin*. On peut monter ou descendre à volonté, avec un ballon quelconque, en développant *à bras* une petite différence de force ascensionnelle. On doit s'efforcer de fabriquer des *poudres* à bases d'hydrogène, afin d'obtenir un dégagement de ce gaz aussi rapide que l'on peut le désirer. On doit s'efforcer d'utiliser les *travaux mécaniques* dus aux énormes vitesses qui résultent de la décomposition rapide de tout réservoir gazeux; ces derniers seraient peut-être préférables, dans le cas de l'air, à l'emploi de la *vapeur instantanée*, dont je crois possible : et la *production différentielle* et l'utilisation.

§ XVII. — Conclusions.

La théorie que j'offre au lecteur, pour expliquer toutes les particularités du mode d'action des moteurs plongés, est spéciale, surtout à la valeur de ρ, à la valeur de n, et au rôle du *rayon*. On est certain d'être dans le vrai pour interpréter la marche générale du phénomène; quant aux membres isolés, on ne peut pas y avoir une confiance entière, eu égard à la nature de la variation des coefficients K_1 et K : ces coefficients sont spéciaux à chaque appareil agissant sur un corps déterminé; ils varient certainement avec la vitesse, et cette variation altère *légèrement* la valeur de ρ dans le cours du mouvement. Une théorie n'étant acceptable et juste que quand elle rend compte des conditions de la pratique, il me paraît nécessaire d'instituer des expériences préliminaires dans le but d'obtenir la confrontation expérimentale, dans le cas de $n = o$, pour :

1° — La résistance opposée à la rotation.

2° — La résistance ou pression de poussée.

3° — Les moments de rupture.

Ces expériences doivent être entreprises sur de *grands modèles*, et non point sur de petits appareils pour lesquels l'action des forces troublantes secondaires a un rôle trop prépondérant qui dissimule, en quelque sorte, la véritable nature des forces agissantes.

Pour l'eau, ces expériences seraient faciles à instituer sur le littoral de la Manche, entre Saint-Malo et Granville, parce que le marnage de la mer qui atteint près de 15 mètres dans les fortes eaux simplifierait toutes les installations. Sans m'appesantir sur ce point particulier qui aura surtout pour but de déterminer la résistance à la rupture des *hélices à formes tubulaires,* afin d'obtenir une énorme diminution de poids dans la construction des appareils moteurs, je vais indiquer sommairement ce qui me parait devoir être fait pour l'air. Le dispositif des expériences aurait d'ailleurs beaucoup d'analogie, sauf la présence d'une caisse appliquée contre la paroi véritable d'un mur de bassin, caisse contenant l'extrémité de l'arbre, les renvois de mouvement, et les appareils dynamométriques.

On disposera dans une grande cour une charpente destinée à porter les paliers de l'arbre de rotation à 12 mètres du sol. L'arbre sera coupé en trois pièces reliées par des tourteaux ; la pièce du milieu sera successivement : une *lanterne* de grand rayon pour enrouler le cordeau communiquant par des poulies coupées à un poids de sonnette tombant de grande hauteur, variant de 100 à 1,000 kilogrammes ; une pièce à *manivelle* permettant d'appliquer directement à l'arbre la force due à une machine à vapeur ; une pièce à forme de *butée à collet* servant à établir la communication entre une chaudière à vapeur et la partie creuse de l'arbre tenant à l'hélice, pour essayer d'utiliser la roue hélicoïdale en mouvement de turbine à vapeur ; dans les mêmes conditions, après des expériences préliminaires sur la combustion graduée de diverses poudres, on pourra remplacer le flot de la vapeur évacuée par le flot des gaz provenant de ces poudres.

Les expériences seront faites avec des *hélices* de 10 mètres de rayon, dont on variera successivement les formes constitutives, $tg\varphi$, y, L, en opérant avec diverses forces, ce qui fera varier ϱ. On lancera en l'air des flocons de plumes légères pour juger de la direction des courants aériens qui naissent du mouvement ; dans un espace étroit, on produira en réaction une sorte de vent plus ou moins violent qui diminuera notablement la mesure des efforts et qui troublera la nature de l'expérience, sans toutefois la vicier d'une manière absolue.

Pour mesurer les forces de réaction, avec toutes les natures de forces employées, on peut avoir recours à nombre de procédés dynamométriques. Voici le procédé que je préférerais : L'extrémité de l'arbre opposée à celle qui porte l'hélice est armée d'une *butée de roulement* qui vient presser contre un piston qui se meut dans un cylindre horizontal rempli d'eau, cylindre dont l'axe coïncide avec l'axe de l'arbre ; un dispositif accessoire permet de remplacer l'eau de suintement. L'extrémité du cylindre communique à un tube vertical qui s'appuie sur un bain de mercure renfermé dans une caisse en tôle de force suffisante ; une tubulure de cette caisse correspond à un tube de verre d'*un centimètre* de section. Quand l'effort *poussée* dans le sens de l'arbre vient presser le piston, le mercure monte dans le tube de verre ; on a ainsi une balance manométrique qui permet de mesurer l'effort de poussée dû à la rotation de l'hélice, sans que l'arbre se déplace sensiblement dans le sens de sa longueur ; l'ascension de la colonne de mercure sera donnée par le rapport de 0,01 à 13,59. πR^2, R étant le rayon du cylindre rempli d'eau. Lorsque le mouvement est devenu uniforme, la colonne mercurielle reste stationnaire ; une tige très menue, en bois léger, repose sur le sommet de la colonne mercurielle : cette tige porte à son sommet un crayon qui frotte contre un cylindre vertical recouvert de papier et animé d'un mouvement de rotation uniforme par l'intermédiaire d'un poids et d'un pendule régulateur; le crayon dessine sur le papier une ligne qui sera droite quand le mouvement sera uniforme, en déroulant le papier, et dont les sinuosités permettront de suivre les nuances du mouvement. En plus, un système de roues dentées communiquant à l'arbre fait tourner d'un mouvement variable ou uniforme comme le mouvement même de l'arbre, mais réduit à une certaine échelle, fait tourner, dis-je, un cercle métallique de 0,21 de rayon recouvert de papier blanc, horizontal ou vertical; horizontal vaut mieux, ce qui dépend d'une transformation facile de rouages coniques. Sur ce cercle, on décrit deux circonférences concentriques, l'une de 0,05, l'autre de 0,20 de rayon, présentant ainsi une couronne annulaire de 0,15 de large. Un autre cercle de 0,15 de diamètre, dont le centre est à 0,125 du premier centre, est doué d'un mouvement régulier et uniforme par un mécanisme d'horlogerie. Le bord de ce cercle mobile porte un crayon à boudin qui trace sur le papier du grand cercle un trait sinueux dont les variations donneront la clef du mouvement de l'arbre à hélice. La courbe décrite sera une espèce de *sinusoïde* dont la ligne des abcisses est une circonférence, et qui est renfermée entre les deux circonférences du papier qui recouvre le cercle conjugué à l'arbre; cette courbe a une équation complexe qu'il convient de laisser sous la forme de deux équations à trois variables; elle permet de saisir toutes les particularités du mouvement par une simple construction graphique.

Pour *n* quelconque, dans le cas de l'air et dans le cas de l'eau, ces expériences n'apprendront qu'une seule chose : c'est une approximation suffisante pour juger de la puissance de construction des ailes hélicoïdales afin de lutter contre les *moments de rupture*.

Pour le cas de l'air, ces expériences indiqueront les formes qui produisent le *maximum* de poussée pour le *travail minimum* de la machine; on saura alors à quoi s'en tenir, en dehors de toute théorie, sur la possibilité du vol mécanique. En dehors de ces préliminaires indispensables, de cette voie droite et sûre, il n'y a que leurre, déception et chimère, sinon charlatanisme.

Je supprime, au dernier moment, la majeure partie de ce paragraphe, qui était consacré à l'exposition de procédés que je croyais pouvoir proposer pour essayer d'utiliser la puissance dynamique des poudres, et pour indiquer quelques expériences nouvelles sur les forces motrices. Je me contente de rappeler que Wœlher, pour isoler l'aluminium, avait, en quelque sorte, ajouté les puissances de disjonction chimique du carbone et du chlore; de même, en forces motrices, je proposerai plus tard des appareils où l'on utilise à la fois *la vapeur, l'électricité, les poudres,....* sans se borner à l'action isolée de l'une quelconque de ces puissances.

J'arrive à une proposition pratique dont l'importance, à mes yeux, est plus considérable encore que la solution même du problème aérien; et je désire ardemment que ma voix trouve assez d'écho pour amener à sa réalisation.

§ XVIII. — **Proposition pratique.**

Dans le but d'étudier les questions relatives à la locomotion mécanique dans l'air; dans le but d'instituer sur une grande échelle les expériences préliminaires qui doivent préciser les données numériques pour les forces motrices nécessaires au vol mécanique ; dans le but de construire un premier navire aérien, ou *ballon fin*, à sillage plus ou moins rapide, construction pour laquelle le *succès semble certain*, d'après la pratique navale ; pour opérer au moyen de l'initiative libre, en dehors du concours de l'État ou de ce que l'État pourra désirer faire de son côté, il y aurait lieu de constituer une société par action, sous le titre de *Société pour la locomotion aérienne*. Il serait émis un nombre de 5,000 actions, à 100 fr. par action. Les actionnaires, agissant en assemblée générale, personnellement ou par délégation, nommeraient une Commission de dix membres, je suppose, pour mener à bonne fin les expériences indiquées dans le cours de ce Mémoire, non moins que toutes les autres expériences, peut-être préférables ou mieux conçues, qui pourraient être proposées. Il faudrait bien que les actionnaires sachent qu'il ne s'agit point pour eux d'une affaire lucrative, mais *d'argent jeté dans l'air*, si l'on peut ainsi parler. Trouvera-t-on, en France, 5,000 individus capables d'un sacrifice léger pour vider à fond une question aussi sérieuse ? Se laissera-t-on distancer par les Anglais ou les Américains ? Pour ces derniers, malgré tous les vœux du monde, le navire aérien *à vitesse secondaire* servira bientôt, par temps calme, de nouvel et formidable engin de guerre. Mais ce ne peut pas être l'objet d'une opération lucrative pour une *société d'étude*, attendu que l'exploitation de navires aériens desservant des lignes fixes pour transporter des voyageurs, exigerait la constitution de sociétés autrement puissantes, avec un capital d'émission considérable. Ne pût-on obtenir, au début, que des appareils portant seulement pour *quatre ou cinq heures* de chauffe, et ne dépassant pas 20 ou 25 mètres à l'heure, que ce serait déjà suffisant pour exercer une influence grave et prochaine sur les rapports nationaux.

Les hommes honorables et distingués qui se sont résolument placés à la tête d'une sorte de croisade moderne, en faveur du vol mécanique, devraient naturellement prendre l'initiative d'une proposition de ce genre, proposition nécessaire si l'on veut réaliser. S'il fallait citer un nom comme devant avoir le principal honneur, ce serait, il me semble, le nom de M. de Ponton d'Amécourt, parce que c'est lui qui, le premier, a montré au public des *mouches artificielles*, à ressort d'horlogerie.

Mais quelque importante que puisse être la réalisation plus ou moins éloignée d'une idée destinée à changer la face du monde, tant au point de vue matériel qu'au point de vue de la dignité morale, je crois devoir formuler une proposition plus générale et plus haute.

Chaque fois que les matières spéciales et techniques de ce Mémoire m'ont permis de le faire, j'ai insisté sur le *côté tout moderne*, presque *contemporain*, des connaissances humaines. La jeunesse de l'homme s'est écoulée dans une espèce de somnambulisme mystique ; l'homme encore engagé dans les brumes du passé a traversé, d'hier à peine, par quelques lumineuses éclaircies le brouillard intellectuel qui lui voile les grandes lois de la nature. Le peu que nous savons, nous l'avons appris dans ce siècle ; nos progrès ont été rapides ; nous commençons à balbutier le langage de la vérité. Ceux-là qui cherchent des voies nouvelles sont souvent écrasés par la misère, et se rongent dans leur impuissance. Il faudrait que toute idée heureuse et juste puisse obtenir immédiatement la sanction d'un jugement et d'une application ; il faudrait que toute idée erronée pût être condamnée expérimentalement, sans que l'on pût se bercer d'illusions, et crier après les souvenirs douloureux de Galilée, Fulton, etc...

Le *Cercle de la Presse scientifique* me paraîtrait dans des conditions excellentes pour conduire à bien la réalisation de ce que je propose. Si les membres de ce *Cercle* accueillaient avec faveur la pensée d'une utile création, je leur soumettrais un projet qu'ils pourraient discuter, remanier et amender. En voici les bases succinctes :

Sous le titre de : INSTITUT INDUSTRIEL, il est créé une Société par actions de 10,000 actions de 100 francs, dont le premier quart est seul exigible.

Une assemblée générale, composée de 200 membres, possédant chacun 50 actions, soit personnellement, soit par délégation, se réunit annuellement.

L'assemblée générale désigne pour l'année une Commission composée de 15 membres, dont 5 sont compétents en sciences mathématiques et mécaniques, 5 en sciences physiques, 5 en sciences chimiques. Il y aurait lieu de se rappeler la fable d'Hercule et d'Antée pour choisir les membres de cette Commission, et de ne pas séparer les gens de pratique des gens de théorie.

L'assemblée générale désigne, en outre, un avocat pour suivre les affaires litigieuses, et un banquier pour le mouvement des fonds.

Le bureau central se compose uniquement d'un *secrétaire général* nommé en assemblée générale, et de trois commis. Ce bureau établit un correspondant, parmi les membres de la Société, dans toutes les villes où il peut se manifester un mouvement scientifique et industriel.

Tout inventeur se croyant en possession d'une idée juste et heureuse, envoie les pièces justificatives, description, croquis, etc., au bureau central. La prise, au préalable, d'un brevet d'invention, suivant la loi, donne toute sécurité à l'inventeur, sans qu'il puisse accuser le bureau de prévarication morale ou de vol d'idée.

La Commission de 15 membres se réunit tous les huit jours sous la présidence d'un de ses membres. Le secrétaire général communique les projets proposés. Si la Commission adopte, on commence immédiatement les expériences préliminaires aux frais de la Société. Si la Commission juge défavorablement l'invention, les pièces sont renvoyées à l'inventeur, qui agit à son gré.

Les expériences décident du mérite et de la portée de l'invention. Tout inventeur qui consent à voir entreprendre les expériences en sa faveur, fait abandon de son brevet, avec tous les droits afférents, à la Société.

Le bureau central ne manie jamais d'argent. Tous les comptes se règlent par chèques et virements, ou bordereau de compte sur le banquier désigné. Les mandats sont signés par le secrétaire général et par le président de semaine.

Chaque invention a son compte à part. L'exploitation de chaque brevet donne lieu à un bénéfice brut, sur lequel il est prélevé 60 0,0 au compte de l'inventeur. Les 40 0,0 restants sont attribués à la Société.

En défalquant le traitement du secrétaire général et des commis, les jetons de présence des membres de la Commission, les frais de bureau, on a le bénéfice net, sur lequel on prélève 5 0,0 pour intérêt des actions. Ce qui reste sert.à former un fonds de réserve pour entreprendre les expériences nouvelles et pour donner des dividendes. La Commission est autorisée à atteindre un chiffre de..... Pour des recherches très coûteuses, la Commission en réfère à l'assemblée générale, qui décide, s'il y a lieu, de suivre les expériences ou de rejeter l'invention.

Chaque année, l'assemblée générale vérifierait les comptes, changerait ou conserverait le secrétaire général et les membres de la Commission, provoquerait l'examen de points scientifiques..................................

....

En dehors d'un puissant levier d'action, levier bienfaiteur en tout genre, une Société, centralisant ainsi toutes les inventions qui tendent ou qui tendront à se produire, *serait fort lucrative*. Quelques années après sa fondation, cette Société verrait décupler la valeur de ses actions non libérées. Elle enrichirait ses actionnaires en aidant les inventeurs, en dégageant le bloc de la carrière, et souvent en doublant le mérite original de l'invention. Il faut remarquer qu'une idée éclose dans le cerveau d'un homme ne lui appartient jamais en entier. Les inventions véritablement grandes n'ont, pour ainsi dire, pas de *nom propre*. Le nom qui sert à les baptiser n'est pas toujours justement choisi. Dans la grande société humaine, si l'on représente par 1,000 la valeur d'une invention, on peut croire que l'inventeur définitif peut revendiquer 10 au plus pour sa véritable part, et que 990 sont réellement en domaine public ; c'est l'accumulation des recherches d'un grand nombre qui finit par aboutir.

Un projet définitif, patroné par le *Cercle de la Presse scientifique*, réunion qui contient précisément des éléments de tout genre, pratiques et théoriques, serait communiqué à tous les grands journaux quotidiens, imprimé à très grand nombre d'exemplaires, et distribué dans toutes les villes où peuvent se recruter des actionnaires et des adhérents. La *Presse scientifique des Deux-Mondes*, revue de quinzaine, publierait les procès-verbaux hebdomadaires de la Commission.

Sous son apparence humble, ce projet n'est rien moins qu'une tentative d'organisation libre de la France scientifico-industrielle.

Je souhaite que ma voix soit entendue.

GUSTAVE LAMBERT.

Bayonne, octobre et novembre 1863.

TABLE.

Bordeaux. — Imp. G. Gounouilhou, rue Guiraude, 11.

www.ingramcontent.com/pod-product-compliance
Lightning Source LLC
LaVergne TN
LVHW010908200726
843507LV00002B/532